위화노의
비밀

우리 역사지리의 비밀을 밝히다·1

우리가 알고 있는 위화도는 가짜다

위화도의 비밀

허우범 지음

위화도는 우리 역사에서 매우 중요한 역사지리 중 하나다. 470
여 년간 유지되었던 고려가 무너지고 조선이 건국되는 발상지이기 때
문이다. 역사에서는 이러한 정치적 격변을 '위화도 회군'이라고 한다.
이 과정에서 고려의 요동 정벌군 우군도통사인 이성계는 요동 정벌 4
불가론을 제시하고, 좌군도통사 조민수와 함께 군사를 돌려 수도인 개
경을 공략, 우왕과 최영을 처단하고 권력을 장악하였다. 이후 이성계는
추종자들과 함께 이씨 왕조인 조선을 건국하고 태조에 오른 것을 우리
는 잘 알고 있다.

여말 선초 격변의 현장인 위화도는 어디일까? 모든 국민은 현재
의 북한 신의주와 중국 단동시 사이를 흐르는 압록강 안에 있는 하중도
라 배웠고, 그렇게 알고 있다. 하지만 현장을 찾아가 본 사람이라면 누
구나 한번쯤, '이성계가 회군한 위화도가 맞나?' 하는 의문을 갖게 된다.

왜 그런 생각이 드는 것일까?

고려의 요동 정벌에 동원된 인원은 5만 명이 넘었다. 군마는 2만 필이 넘었다. 군수 물자를 운반하는 수레 등을 포함하면 실로 엄청난 인원과 물량의 이동인 것이다. 위화도 회군은 장마철에 이루어졌다. 역사는 위화도에 주둔한 군사들이 회군을 마치자마자 위화도가 강물에 잠겼다고 기록하였다. 그런데 현재의 위화도를 살펴보면 강물에 밀려온 토사가 충적된 평평한 모래섬에 불과하다. 장마철이 아닌 때에도 집중 호우가 쏟아지면 금방 물에 잠길 듯이 얕은 곳이다.

의문점은 또 있다. 이성계는 만주 일대를 누빈 명성이 자자한 장군이다. 여진족들은 그의 이름만 듣고도 항복할 정도였다. 그러한 장수가 언제 물이 불어날지 모르는 장마철에 그것도 강 가운데의 모래섬에, 대군의 병력과 군마를 주둔시키는 무모한 짓을 하겠는가? 실로 일개 병사조차도 생각할 수 없는 일이다.

그렇다면 역사적 현장으로서의 위화도는 어디인가? 조선왕조실록에서 위화도를 찾아보면, 무려 4백여 년에 걸쳐 160회가 넘는 기록이 있다. 이를 통해 위화도는 우리가 알고 있는 한갓 모래섬이 아니라 조선의 국경 지대에 위치한 옥토였음을 알 수 있다. 이런 까닭에 위화도는 중국인들과의 경작 분쟁이 수시로 발생하게 되었고, 조정에서는 이를 처리하기 위한 논의가 오랜 세월 동안 분분하게 이루어졌던 것이다.

실록이 알려 주는 위화도의 모습은 매우 충격적이다. 이성계가 회군하여 조선을 건국한 것을 기념하기 위하여 위화도에 있는 산봉우리의 이름을 태조봉이라고 하였고, 위화도 안을 흐르는 개천은 회군천이라고 불렀다. 익원당이라는 행궁도 있었으며, 선조가 임진왜란 때 이곳에 머물며 압록강을 넘어 요동으로 건너가려고도 하였다. 또한, 위화도는 압록강의 지류인 굴포에 있는데 건기에는 걸어서도 강물을 건너갈 수가 있었다. 현재의 위화도는 이러한 사서의 기록과 어느 것 하나 일치되는 것이 없다. 산봉우리도 없고, 개천도 없으며, 일 년 내내 배를 타야만 도달할 수 있다. 그야말로 '가짜 위화도'인 것이다.

그렇다면 우리가 잘못 알고 있는 가짜 위화도는 어떻게 생겨난 것일까? 그 시작은 일본 학자들이 반도 사관 구축을 위한 준비 작업으로 발간한 〈조선역사지리〉(1913)에서다. 이 책은 조선의 역사지리를 모두 한반도 안으로 비정하고 부록으로 시대별 지도까지 작성하였는데, 우리가 알고 있는 위화도의 지도와 위치는 이때 만들어진 지도와 똑같다. 우리는 110년이 넘는 오늘까지 일제가 왜곡한 가짜 위화도를 진짜로 알고 배우고 있는 것이다.

저자도 오래 전부터 위화도에 관한 의문을 품었다. 하지만 위화도의 문제점과 올바른 위치를 찾는 것은 생각처럼 쉽지 않았다. 단지 회군 장소로서의 위화도가 사서에 자세하게 기록되지 않았을 것이라는 선입견이 앞섰기 때문이다. 그러던 어느 날, 갈급한 마음으로 실록을 살펴보았는데, 아! 나의 게으름을 참고 기다려 준 위화도가 반갑게 손을 잡아 주었다. 실로 역사 연구에 있어서 1차 사료의 검토가 무엇보다 우선되어야 함을 스스로에게 각인시키는 계기가 되었다.

이 책은 역사에 기록된 위화도의 내용을 살펴보고 역사적 현장으로서의 위화도의 위치를 추적하여 사서 내용에 부합하는 위화도를 비정하는 연구서이다. 다만, 독자들의 가독성을 높이기 위하여 다큐멘터리 형식으로 집필하였다. 저자가 이러한 집필 형식을 선택한 것은, 무엇보다 국민 모두가 잘못 알고 있는 위화도를 올바르게 알리기 위함이다. 나아가 이를 시작으로 일제가 왜곡한 우리의 역사지리를 올바로 정립하는 일에 관심과 격려를 바라는 마음에서다. 또한, 저자와 같은 연구자가 우후죽순처럼 나타나 엉망진창으로 헝클어진 우리 역사를 보다 빠르게 바로 세울 수 있기를 소망하기 때문이기도 하다.

이 책이 나오기까지 많은 분들의 도움이 있었다. 위화도의 위치를 밝히는 중차대한 작업에 자칫 실수가 없도록 좋은 의견을 주신 복기대 교수님과 김연성 교수님, 위화도 현장 답사 때마다 동행하는 수고로움을 아끼지 않은 김영섭 박사 등이 없었다면 본 저서는 발간되지 못했을 것이다. 이 자리를 빌려 감사의 인사를 드린다. 끝으로 졸고의 출간을 위해 매번 지원을 아끼지 않는 최옥현 전무 이사, 투박한 원고를 매끈하게 잡아 주는 오영미 부장, 사진과 지도 등이 많아 어려운 작업임에도 멋진 편집으로 마무리해 준 디자이너에게도 감사의 마음을 전한다.

2024년 정월,
월사(月史) 허우범 쓰다

1388년 6월 26일.

장맛비는 그칠 줄 몰랐다. 시커먼 구름은 천둥과 벼락을 몰고 왔다. 이제 장마가 본격적으로 시작되었으니 더욱 거세게 몰아칠 일만 남았다. 길은 진창이고 군사들과 병기는 비에 젖어 엉망이었다. 이성계가 주축인 고려의 요동 정벌군은 장맛비에 개천이 범람하여 국경을 넘기도 전에 수백 명의 병사를 잃었다. 우군도통사(右軍都統使) 이성계는 좌군도통사(左軍都統使) 조민수와 함께 압록강의 위화도(威化島)에 대군을 주둔시킨 채 움직이지 않았다.[1] 이성계는 요동을 정벌하라는 우왕(禑王)의 명령에 불복하여 '4불가론'을 올리고 답을 기다렸다. 하지만 우왕은 내용을 살펴보지도 않았고, 팔도도통사(八道都統使) 최영은 요동 정벌을 강하게 밀어붙였다. 출병할 때부터 어수선하던 군심(軍心)에는 점점 흉흉한 소문만 돌았다. 위화도에 주둔한 지 얼마 되지 않아서 도망하는 병사들이 끊이지 않았다. 우왕이 이를 알고 도망가는 병사는 그 자리에서 목을 베도록 하였다. 그러나 도망병들은 끊임없이 길을 이어 달아났다.[2] 이제 더 이상 기다릴 시간이 없었다. 결단을 내려야만 하였다. 이성계는 장수들을 소집하고, 단호한 어조로 말하였다.

"만약 우리가 상국(上國)의 국경을 침범한다면 천자께 죄를 얻는 것이니, 종사(宗社)와 백성의 화가 곧 닥칠 것이다. 나는 순리(順理)와 역리(逆理)로써 상서(上書)하여 군사를 돌리기를 청하였으나 왕은 살펴보지 않고 최영은 또한 노쇠하여 듣지를 않으니, 어찌 경들과 함께 왕을 뵙고 친히 화와 복을 아뢰며 왕 곁의 악한 자를 제거하여 우리의 생명을 편안히 하지 않겠는가."

"우리 동방 사직의 안전함과 위태로움이 공의 한 몸에 달려 있으니 어찌 명을 따르지 않겠습니까."[3]

이성계는 위화도의 모든 군사에게 회군 명령을 내렸다. 군사들은 진격을 멈추고 일사분란하게 다시 압록강을 건넜다. 이성계는 백마를 타고 언덕에서 군사들을 독려하였다. 군사들은 회군 명령에 모두 감격하여 이성계에게 찬사를 보냈다.[4] 군사들이 건너자 갑자기 큰물이 몰려와 위화도를 삼켰다. 장맛비가 며칠을 내려도 잠기지 않던 위화도가 군사들이 모두 건너고 나서 물에 잠기자, 군민(軍民)들이 다시 찬가를 불렀다.

"이씨 성을 가진 자가 임금이 된다네!"

"암암! 이씨 성을 가진 자가 임금이 되고말고."[5]

이성계가 군사를 회군시켜 개경으로 진격하자 너도나도 달려 나와 술과 안주를 바쳤다. 이성계가 이끄는 반란군은 개경 근교에 주둔하고 우왕에게 최영을 잡아들일 것을 요구하는 통첩을 보냈다. 최영을 제거하지 않고서는 나라가 바로서지 않는다는 것이었다.[6] 우왕은 가슴이 미어졌다. 선조들이 물려준 강토를 되찾기 위하여 새롭게 들어선 명(明)과 우호 관계를 도모하며 원나라 때 상실한 철령 지역을 되찾기 위해 많은 노력을 기울였다. 그러나 명의 주원장은 원(元)의 땅을 물려받은 것이기 때문에 돌려줄 수 없다고 하였다. 고려가 이 문제를 외교적으로 해결하려고 특사까지 보내자[7] 주원장은 아예 요동에 철령위(鐵嶺衛)를 설치하여 자국의 영토임을 선포하였다.[8] 나아가 '흔단(釁端)'을 일으키지 말라'는 으름장까지 놓았다.[9] 이처럼 원통하게 빼앗긴 고려의 영토를 우왕은 무력으로라도 되찾기 위하여 요동 정벌을 추진한 것이다. 하지만 우왕의 간절한 바람도 이성계의 회군으로 모두 허사가 된 것이다. 우왕은 마지막으로 장수들에게 교서를 내렸다.

"명을 받들어 국경을 나갔다가 이미 지휘를 어기고서 군사를 일으켜 대궐로 향하고 또한 지켜야 할 도리를 넘어섰으니, 이러한 흔단(釁端)에 이른 것은 진실로 보잘 것 없는 나에게서 비롯된 것이다. 그러나

군신의 큰 의리는 실로 고금에 통하는 법칙이다. 그대는 책 읽기를 좋아하면서 어찌 이를 알지 못하는가. 하물며 조종으로부터 물려받은 강역(疆域)을 어찌 쉽사리 남에게 넘겨줄 수 있겠는가. 군사를 일으켜 대항하는 것만 같지 못하다고 여러 사람에게 모의하니 모두가 좋다고 하였는데, 이제 어찌 감히 어기는 것인가. 비록 최영을 지목하여 핑계로 삼았지만, 최영이 내 몸을 호위하고 있음은 경들도 아는 바이며 우리 왕실을 위해 힘써 수고한다는 것 또한 경들이 아는 바이다. 교서가 도착하는 날에 고집을 피우지 말고 잘못을 고치기를 주저하지 말 것이며, 함께 부귀를 보존하여 처음과 끝을 도모하기를 내가 진실로 바라는데, 경들이 어떻게 생각하는지 모르겠다."10

우왕의 교서는 아무런 도움이 되지 못하였다. 최영이 잘 막아냈지만 그 또한 오래 버틸 수 없었다. 우왕과 최영은 더 이상 반란군에 대항하기 어려웠다. 급기야 반란군은 궁정을 부수고 난입하여 최고 실권자인 최영을 붙잡았다. 우왕은 최영의 손을 잡고 눈물로 이별하였고, 최영은 두 번 절하며 하직 인사를 올렸다. 최영이 분노를 누르며 밖으로 나오자 기다리고 있던 이성계가 말을 건넸다.

"이러한 사변(事變)은 내 본심이 아닙니다. 그러나 국가가 안녕하지 못하고 인민들이 곤경에 처하여 원성이 하늘에 이른 까닭에 부득이하게 된 것이니 잘 가십시오, 잘 가십시오."11

최영은 곧장 고봉현(高峯縣)으로 유배되었다.[12] 이어 합포(合浦)로 유배지를 옮겼다가 다시 죄를 물어 충주로 유배시켰다.[13] 명나라는 고려가 쳐들어온다는 것을 알고 군사를 일으키려고 하다가, 이성계가 군사를 돌렸다는 소식을 듣고 이내 중지하였다.[14] 회군에 성공한 이성계는 권력 장악을 위한 일련의 조치들을 빠르게 진행하였다. 분위기를 띄우는 데에는 민심을 이용하는 것이 기본이다. 다시 참요(讖謠)가 떠돌았다.[15]

서경성 밖에는 불빛이 환하고
안주성 밖에는 연기가 피어오르네.
그 사이를 오가시는 이 원수여,
바라건대 지치고 힘든 백성을 구제하소서.

이성계는 회군한 지 한 달 만에 우왕을 폐하여 강화도로 유배하고, 곧바로 9살의 창왕(昌王)을 세웠다.[16] 이성계 일파는 최영을 처형하여야만 하였다. 최영을 개성으로 압송하여 순군옥(巡軍獄)에 가두고 국문을 하며 처형 수순을 밟았다. 전법판서(典法判書) 조인옥(趙仁沃)과 이제(李濟) 등의 상소를 시작으로 문하부낭사(門下府郎舍) 허응(許應) 등의 상소가 줄줄이 올라왔다.

최영은 진실로 사직의 공신입니다. 그러나 배운 것도 없고 재주도 없으며 더욱이 늙어서 큰 나라를 섬기는 예(禮)에 어두웠으니, 주상에게 권하여 서쪽으로 행차하게 하고 위엄을 세워 군중을 협박하여 독단으로 일을 결정하였습니다. 마침내 요동을 공격할 군사를 징발하여 천자에게 죄를 짓고 민에게 해독을 끼쳤으며 사직을 거의 전복시켰으니 앞서 세운 공을 모두 버렸습니다. 최영이 공로가 있으면서도 불행하게도 이러한 반역의 죄를 지었으니 진실로 온 나라 사람들이 아까워하겠지만, 그러나 천하의 공론으로 말하자면 이른바 사람들이 처형할 수 있는 자입니다. 원컨대 전하께서는 대의로써 결단하여 속히 명령하여 죄를 처결하시고 천자에게 사죄하십시오.[17]

어린 창왕은 신하들의 윽박지름에 당황하였다. 이성계 또한 아무런 말이 없자 허락할 수밖에 없었다. 1388년 12월. 마침내 최영은 '요동을 공격한 죄'로 처형되었다. 그의 나이 73살이었다.[18]

녹이상제 살지게 먹여 시냇물에 씻겨 타고
용천설악(龍泉雪鍔)을 들게 갈아 둘러메고
장부의 위국충절을 세워볼까 하노라
『가곡원류』

▲ 경기도 고양시 대자산 기슭에 있는 최영 장군묘

    강화도로 유배된 우왕은 그해 9월 여흥(驪興)으로 옮겨졌다.[19] 1389년 11월에 우왕의 이성계 암살이 실패로 돌아가자 이성계는 이를 빌미로 우왕을 강릉으로 유배하고, 창왕도 폐위시켜 강화도로 내쫓았다.[20] 우왕과 창왕은 서인으로 강등되었고 한 달 후에 참수되었다.[21] 이성계는 창왕을 폐위하고 정창부원군(定昌府院君) 요(瑤)를 공양왕으로 세웠다. 그의 나이 45살이었다. 공양왕은 품성이 유약하여 즉위하는 날에도 눈물만 줄줄 흘렸다.[22] 1392년 7월, 공양왕이 폐위되어 원주로 추방되었다. 이성계가 공양왕에 이어 수창궁(壽昌宮)에서 왕위에 올랐다.[23] 공양왕은 공양군(恭讓君)으로 봉해져 간성군(杆城郡)으로 옮겨졌다. 3년 후, 삼척부에서 훙서하였다.[24]

▲ 경기도 고양시 원당동에 있는 공양왕릉(왼쪽)과 부인 순비 노씨릉. 공양왕릉은 강원도 삼척시 궁촌리에도 있다. 이곳은 민간에서 오랫동안 구전되어 온 곳이다.

일 자	주 요 내 용
1388.4	우왕이 요동 정벌 추진
1388.5	이성계의 위화도 회군
1388.6	우왕 폐위 강화 귀양, 창왕 옹립
1388.12	최영 처형
1389.11	창왕 폐위 강화 귀양, 공양왕 옹립
1389.12	우왕, 창왕 처형
1392.7	공양왕 폐위 원주 귀양, 이성계 왕위에 오름
1392. 윤12.9	명에서 국호를 '조선'으로 내림
1393.2.15	이성계가 조선의 건국을 선포

▲ 위화도 회군 이후의 주요 정치 상황

목차

1장.
위화도의 등장

2장.
문제의 키워드, 도(渡·島)

9장.

위화도의 눈물

격동의 회오리

    14세기 후반, 동북아시아에는 격동의 회오리가 몰아쳤다. 우리 역사에서는 고려가 멸망하고 조선이 건국되었으며, 중원에서는 원이 무너지고 명이 건국되었다. 동북아시아에서 동시에 일어난 왕조 교체는 필연적으로 국제 질서의 재편을 가져올 수밖에 없었다. 고려는 1351년에 공민왕이 즉위하며 반원 개혁 정치를 추진하였다.

    공민왕의 반원 정치는 원명 교체기라는 중원의 정치적 변동이 상승 작용하여 추진할 수 있었다. 이 과정에서 공민왕은 명과의 외교 관계를 구축하였다. 하지만 명의 주원장은 고려에 무리한 공물을 요구하였고, 이에 고려에서는 반명 분위기가 확산되었다. 친원(親元)이냐 친명(親明)이냐를 놓고 벌어진 신·구 세력의 다툼은 공민왕의 시해와 함께 고려의 정치를 어둠 속으로 몰아넣었고 신·구 간의 세력 다툼은 더욱 치열해졌다.

명을 건국한 주원장은 고려 우왕 14년(1388년)에 철령위(鐵嶺衛) 설치를 통보하며, 원 시기의 철령(鐵嶺) 지역은 자국의 것이라는 논리를 폈다. 고려는 역사적 정통성을 내세워 철령 이북의 영토는 원래 고려의 것임을 주장하며 외교적인 해결을 시도하였지만 결국 실패로 끝나고 말았다. 고려의 정치 세력은 명의 철령위 설치 문제를 놓고 최영 중심의 강경파와 이성계 중심의 온건파로 나뉘었다. 결국, 우왕의 전폭적인 지원을 받는 강경파 주장이 관철되어 요동 정벌을 감행하게 되었고, 요동 정벌군의 지휘는 서북방 지역을 잘 알고 있는 이성계와 조민수가 맡게 되었다.

요동 정벌은 장마철에 시작되었다. 압록강을 건넌 이성계는 홍수로 인해 진격이 어렵게 되자 위화도(威化島)에 진을 치고 군심(軍心)을 확인하였다. 이어 요동 정벌 '4불가론'을 천명하며 회군을 감행하여 우왕과 최영을 몰아내고 정국(政局)을 장악하였다. 고려 말 신·구 정치 세력 간의 정쟁(政爭)은 이성계를 필두로 한 신진 세력의 승리로 끝나고 조선이라는 새로운 국가의 건설로 이어지는데, 그 시발점이 바로 위화도였다.

우리가 배운 위화도

　　이성계가 조선을 건국하는 시발점이 된 역사적 장소인 위화도는
어디였을까? 우리는 교과서를 통해 그 위치를 익히 알고 있다. 즉, 현재
의 북한 신의주와 중국 요녕성 단동시 사이를 흐르는 압록강(鴨綠江)의

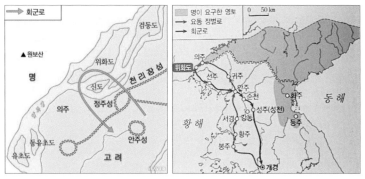

▲ 현재 각종 역사 자료에 활용되는 '위화도　　▲ 검·인정 사회과 부도에 표시된 '위화도'
　　회군 세부 지도'

한가운데 있는 하중도(河中島)가 바로 여말 선초의 역사적 현장이었던 위화도인 것이다.

위화도가 압록강 가운데 있는 섬이라는 생각은 오늘날까지 변함없이 이어져 오고 있다. 김정호의 「대동여지도」를 비롯하여 조선 후기에 제작된 지도들 모두가, 현재의 압록강이 황해와 만나는 하류의 가운데에 위화도를 그려 넣었기 때문이다. 이러한 지도들과 교과서에서 배운 위화도의 위치는 확고한 사실로 인식되어 누구도 의심하지 않았다.

우리가 위화도를 보기 위해서는 중국으로 가야만 한다. 요녕성 단동시에는 북한과의 국경선인 압록강이 흐른다. 단동에서 신의주로 이어진 압록강 철교가 있는 광장은 중국과 북한의 물류가 소통하는 곳이다. 철교를 바라보며 압록강변을 따라 조금 올라가면 위화도라는 하중도가 보인다.

위화도는 강물에 휩쓸려 온 모래가 하류에 이르러 유속이 느려지면서 쌓인 충적도(沖積島)다. 산도 계곡도 언덕도 없는, 그야말로 강 가운데의 평평한 모래밭인 것이다. 우왕이 요동 정벌을 위해 징집한 병사는 지원 병력까지 5만 명에 이른다. 병마는 2만 필이 넘었다. 630여 년 전, 그날의 현장이라는 위화도를 바라보며 역사를 회고하노라니 만감이 교차하는 사이로 한 줄기 의구심이 더해진다.

▲ 중국 요녕성 단동시 압록강변에서 본 현재의 위화도

'5만에 이르는 대군이 저처럼 강 가운데 있는 평탄한 모래밭에 주둔하였다고?'

'당시에는 장마철이었는데 하류인 저곳이 그때까지도 물에 잠기지 않았을까?'

다시 강변길을 따라 철교로 돌아온다. 압록강을 따라 길게 늘어선 대로변 옆에는 건물들이 즐비하다. 그런데 시멘트로 만든 담장들이 보인다.

"아, 저것은 수방벽(水防壁)이예요. 폭우가 내려 강물이 넘치면 도로 건너편의 건물들까지 침수가 되거든요. 이를 방비하기 위하여 만든 것이지요."

"근 30년 정도 되었나? 그때 진짜 엄청난 비가 와서 이곳이 다 물에 잠겼었지요."

▲ 중국 요녕성 단동시 압록강변 도로에 설치된 홍수 차단벽

1995년, 요녕성 일대에 며칠 간 쏟아진 폭우로 인해 압록강 하류인 단동시가 범람하였다. 그 후로 홍수를 막기 위하여 수방벽을 설치하려고 기반 공사를 해 놓은 것이다. 단 며칠 동안 내린 비로 도시가 물바다가 되는데, 하물며 강안에 있는 하중도는 어떠랴. 불과 몇 시간의 비로도 흔적 없이 잠길 것은 뻔한 이치다. 그런데 이러한 하중도에 5만 명의 대군을 장마철에 주둔시키는 장군이 있을까. 특히, 그 이름만으로도 만주 지역의 적수가 주눅들 만큼 무용(武勇)을 떨치는 이성계가 어찌 기

초적인 군사 주둔지조차 모른단 말인가.

현재 학계가 위화도를 설명하고 있는 백과사전의 내용을 살펴보면 다음과 같다.

> 위화도(威化島): 압록강 하류 의주군 위화면에 속해 있는 섬. 중지도(中之島)라고도 한다. 조선 초기에는 어적(於赤)·검동(黔同)의 두 섬과 함께 삼도(三島)라 하여 경작(耕作)한 바 있었으나, 1459년(세조5) 건주위(建州衛)의 습격을 받은 이래 경작이 금지되었다. 이 섬은 이성계의 회군(回軍)으로 유명하다.[25]
>
> 위화도(威化島): 평안북도 의주군 위화면에 딸린 섬. 면적 11.2㎢, 길이 9km, 평균 너비 1.4km, 해안선 길이 21km. 압록강의 하중도(河中島)로 의주 하류 쪽에서 2㎞, 신의주에서 상류 쪽 2㎞ 지점에 위치한다. 압록강이 운반한 토사(土砂)의 퇴적으로 이루어진 섬이다. 고려 시대에는 대마도(大麻島)라 하여 국방상 요지였다. 1388년(우왕14) 5월 요동 정벌 때 우군도통사 이성계가 이곳에서 회군(回軍)을 단행함으로써 조선 시대를 여는 역사적 계기를 이룩한 곳이다. 조선 시대에 들어와 어적(於赤)·검동(黔同) 두 섬과 함께 삼도(三島)라 하여 농민을 이주시켜 경작하게 하였으나 1459년(세조5) 건주여진(建州女眞)의 습격을 받은 후 경작을 금지시켰다.

다시 1777~1800년(정조1~24) 위화도 개간의 건의가 있었으나 실현되지 못하다가, 1810년(순조10) 의주부윤 조홍진(趙興鎭)의 상주에 의해 정부 후원 아래 대규모의 개간이 실시되었다. 이곳에 이주한 농민은 영구소작권을 인정받아 우대되었다고 한다. 충적토로 이루어진 위화도는 토질이 비옥하여 옥수수·조·콩·수수 등의 산출량이 많다. [26]

위의 내용으로 본다면 우리가 지금 알고 있는 위화도는 고려 시대까지만 해도 '대마도'로 불렸고, 조선 시대에 와서야 비로소 위화도로 불렸다고 이해된다. 또한, '국방상 요지(要地)'가 사방으로 훤히 노출되고, 언제든지 강물에 휩싸일 수 있는 곳에 위치하고 있다니 이 설명을 어떻게 믿을 수 있겠는가. 그야말로 의심이 증폭되지 않을 수 없다.

역사는 늘 간략하게 기록한 까닭에 전후 사정과 맥락을 잘 파악하여야만 한다. 특히, 군대의 이동과 전투는 사서의 기록만으로 정확하게 이해하기 어렵다. 역사적 사실에 보다 정확하게 접근하기 위해서는 반드시 현장의 상황을 살펴보아야만 한다. 즉, 현장 답사가 필요한 것이다. 하지만 현장은 오랜 세월이 지나서 변할 수밖에 없다. 인간이 만든 문명에 따른 변화상을 다각도로 살펴보고 최대한 당대의 자연 지형을 그려 가며 검토하여야 한다.

모든 역사지리 연구의 시작은 사서의 기록이다. 위화도는『고려사』나『조선왕조실록』에 어떻게 기록되어 있을까? 이성계가 회군하였다는 내용만 간략하게 한 두 줄 보일 것 같은데, 그래도 사서에 기록된 위화도의 내용을 한번 검색해 볼 필요가 있다. 어느덧 자정을 넘어가는 초침이 컴퓨터를 끌 것을 재촉한다. 밤이 깊었으니 얼른 확인이나 해 보자. 국사편찬위원회 사이트에 접속하여 '위화도(威化島)'를 입력하고 엔터키를 누른다. 순간, 번개처럼 위화도에 관한 내용이 화면을 가득 메운다.

사서에 기록된 위화도

눈이 의심스럽다. 화면 가득, 여러 사서에서 위화도에 대한 기록들이 나타난다. 고려사 10, 고려사절요 2, 조선왕조실록 143, 비변사등록 22, 승정원일기 41……. 분명 '위화도(威化島)'라고 입력한 것이 맞는가? 맞다. 그런데 위화도에 관한 기록이 어떻게 이렇게 많을 수 있는가. 쿵쿵 뛰는 가슴은 떨리는 손을 부여잡고 사서의 위화도 속으로 빠져들었다. 졸음은 이미 저 멀리 달아난 지 오래다.

이성계가 회군한 장소인 위화도에 관한 기록은 모두 163편이나 된다. 단지 고려의 군사가 회군한 곳인 위화도가 이토록 중요한 곳이었단 말인가. 『조선왕조실록』에서 찾은 위화도는 태조 1년(1388)부터 순조 11년(1811)까지 무려 4백여 년에 걸쳐 거론되고 있다. 압록강 가운데 있는 한갓 모래섬에 불과한 위화도가 조선 시대 내내 논란거리였다니 이

▲ 국사편찬위원회 한국사 데이터베이스의 '위화도' 검색 화면

무슨 이상한 기록이란 말인가. 이는 분명 우리가 배우지 않았거나, 잘못 알고 있는 위화도의 비밀이 있는 것임에 틀림없다. 그렇지 않고서야 단지 이성계가 군사를 회군시킨 장소만으로 오랫동안 사관(史官)들이

사서 주요 내용	고려사 (12)	고려사절요 (3)	조선왕조실록 (96)	고려사절요 (3)	고려사절요 (3)	고려사 (12)
위화도 회군	12	3	41	–	6	62
경작/둔전 등	–	–	26	10	20	56
경계/월경 등	–	–	23	2	7	32
위치/지형 등	–	–	14	2	9	25
소계	12	3	104(8)	14(2)	42(2)	175(12)

▲ 사서별 위화도 관련 내용 분석[27](사서의 괄호는 위화도 관련 기록 수이며, 소계의 괄호는 내용의 중복을 나타낸 수치임)

수많은 기록을 남겼을 리가 없기 때문이다.

위화도는 어떤 곳이었는가. 사서가 알려 주는 위화도는 크게 세 가지로 요약할 수 있다. 첫째, 위화도는 조선을 건국한 성지(聖地)이자 조선의 서북 국경 지대에 있는 중요한 땅이다. 둘째, 위화도는 국경 지대인 까닭에 요충지의 수비, 조선과 명의 월경자(越境者) 처리 등의 문제들이 반복적으로 일어나는 곳이다. 셋째, 위화도는 비옥한 땅이어서 농민들의 경작지로 최적이며, 군사들의 둔전지로 활용하면 군량도 조달할 수 있어서 꼭 필요한 곳이라는 점이다.

실록의 기록을 대충만 훑어보아도 현재의 압록강 가운데에 있는 위화도와는 전혀 맞지 않는다. 모래땅이 어찌 비옥할 수 있으며, 군량을 확보할 수 있겠는가. 아울러 경작을 하기 위하여 농번기를 제외한 내내 배를 타고 왕복하며 농사를 지을 수가 있는가. 또한, 국경 지대의 요충지가 될 수 없음은 물론, 월경자들 역시 하류의 위화도를 통해 월경할 필요가 없다. 강폭이 좁은 상류를 이용하는 것이 훨씬 쉬운 일이기 때문이다. 생각이 여기에 이르자 이제까지 알고 있던 위화도는 많은 문제가 있음을 확신하게 된다. 이러한 확신은 위화도를 설명한 다음의 사료만 읽어 보아도 금방 알 수 있다.

지금 태조대왕께서 군대를 머물렀던 때로부터 300년이 지났는데 여러 사람에게 맹세하던 단(壇)의 옛 자취가 완연하게 아직 남아 있으며, 태조봉(太祖峯)이니 호군천(犒軍川)이니 하는 이름이 여기에 남아 있고 실체도 의연하게 남아 있어 전날의 일처럼 환합니다.[28]

역사적 현장이었던 위화도에는 태조봉(太祖峯)이라는 산봉우리가 있고, 호군천(犒軍川)이라는 개천도 있다고 하였다. 그런데 현재 우리가 알고 있는 위화도는 어떠한 모습인가. 강물이 쌓아놓은 퇴적층으로 이루어진 평지이다 보니 어찌 산봉우리가 있을 수 있겠는가. 산봉우리가 없으니 개천 역시 찾아볼 수 없다. 이처럼 사서의 기록과 맞지 않는 곳이 어떻게 역사적 장소로서의 위화도가 될 수 있다는 말인가. 이는 분명 무엇인가 크게 잘못된 것이 틀림없다. 그렇다면 역사의 현장이었던 위화도는 어떤 곳이었는가. 그리고 어디에 있는가. 이제 사서 기록을 샅샅이 살펴 가며 635년 전, 역사의 현장이었던 위화도를 추적해 보자.

2장

문제의 키워드, 도
(渡·島)

섬(島)이란 무엇인가

건넌 것인가, 들어간 것인가

'도압록강(渡鴨綠江), 둔위화도(屯威化島)'의 의미

섬(島)이란 무엇인가

먼저 한 가지 짚어 봐야 할 것이 있다. 바로 '도(島)'이다. 이 한자는 섬을 의미한다. 섬은 일반적으로 사면이 물로 둘러싸인 육지를 말한다. 그래서 우리는 '도(島)'라고 하면 바다 가운데 있는 섬인 '해도(海島)'처럼 강 가운데 있는 '하중도(河中島)'를 연상한다.[29] 그런데 다음의 지도를 살펴보면 육지에도 많은 섬(島)을 표시해 놓았다. 왜 이렇게 그렸을까?

다음의 지도에서 육지에 표시된 여러 섬의 의미를 이해하려면, 고대의 섬(島)에 대한 생각을 살펴볼 필요가 있다. 한자를 집대성한 자전(字典)인 『설문해자(說文解字)』[30]에서 '섬(島)'을 찾아보면 다음과 같은 설명이 있다.

▲ 『籌海圖編』 「山東沿海山沙圖」 부분[31] (출처 : 미국국회도서관)

『상서』 「우공」편에 '도이족들은 풀로 만든 옷을 입었다(島夷卉服)'고 하였다. 공안국전에서 도(島)에 대해 주를 달기를, '바닷가의 휘어지고 굽어진 만곡(彎曲)을 섬(島)이라고 한다'고 하였다.[32]

위의 설명에 의하면 주변이 물길로 둘러 있는 육지도 섬이라고 하였음을 알 수 있다. 이는 마치 육지의 거대한 호수를 '바다(海)'라고 부른 것과 같은 이치다. 섬은 대부분 외부와의 교통이 쉽지 않고 방어 하기에도 좋은 곳이다. 성을 축조할 때 해자(垓字)를 파는 이유도, 효율 적인 방어를 위하여 인공적인 섬을 만드는 것이다. 공안국(孔安國)의 주석에 의하면 강줄기가 구비 도는 곡류하천(曲流河川)의 만곡(彎曲) 부분을 섬이라고 부른다. 즉, 삼면이 물길로 둘러싸이고 한 곳만 육지와 연결된 곳도 섬이 되는 것이다.[33] 고려는 대몽항쟁에서 '입도출륙(入島出陸)' 전략을 구사하였다. 이는 바로 섬의 이러한 특징을 십분 활용한 것이다.

우리는 이제까지 섬이라는 단어의 의미를 너무 좁게 이해하고 있었다. 그리하여 여러 사서에서 수없이 나오는 섬(島)을 단지 바다와 강 가운데의 섬으로만 이해하려고 하였던 것이다. 하지만 『설문해자』에서 보듯이 섬에 대한 이해의 폭을 확장하면, 사서에 나오는 섬의 위치를 살펴보는 데 있어서 보다 넓은 시각으로 바라볼 수 있다.

또한, 만곡 부분을 섬이라고 한 설명은 지도에서도 알 수 있다. 이 지도에서도 강물이 바닷가에 이르는 굽어진 육지들 사이에 많은 섬(島)들이 표기되어 있는 것을 볼 수 있다. 이처럼 『상서』의 주석과 『주해도편』의 지도를 통해서 우리는 섬에 대한 개념을 새롭게 이해할 수 있다. 따라서 위화도는 이처럼 섬에 대한 이해를 확장하고 살펴보아야만 제대로 알 수 있는 것이다.

건넌 것인가, 들어간 것인가

～～～

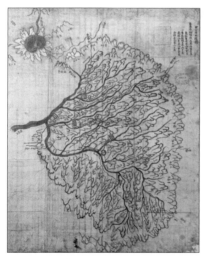

▲ 갑신부 형편도(출처 : 국립중앙도서관).
수지상 하계망의 형태로 압록강을 그렸다.

모든 강의 물줄기는 본류와 지류로 나뉜다. 여러 지역에서 흘러 온 지류들이 본류와 합쳐져 큰 강을 이룬다. 압록강도 마찬가지다. 강의 수계(水系)는 크게 수지상(樹枝狀) 하계망(河系網)과 격자상(格子狀) 하계망(河系網)으로 구분된다. 동북아시아의 강줄기는 대부분 나뭇가지 모양의 '수지상 하계망'의 형태를 띠는 것이 특징이다. 압록강도 수지상 하계망을 이루며 각 지역에서 지류를 받아들여 신의주와 단동에서 황해로 들어간다.

『신증동국여지승람』은 조선 중종 25년(1530년)에 완성된 조선 최대의 지리지이다. 이 책의 '평안도 의주목' 항목 중에서 검동도와 위화도를 설명하고 있는 부분을 살펴보면,[34]

- 검동도(黔同島): 주에서 서쪽으로 15리 떨어져 있는데, 둘레가 15리(里)이다. 압록강이 여기에 이르러서 3갈래로 나뉘는데 이 섬이 두 섬 사이에 있으며, 삼씨량(三氏梁)이 있다. 모든 강을 건너는 사람들이 반드시 이 섬의 북쪽을 거치는데 서울로 가는 사신이 입조(入朝)하는 길이기도 하다.

- 위화도(威化島): 검동도의 아래에 있는데 둘레가 40리이다. 두 섬 사이를 압록강의 지류가 가로막고 있는데 굴포(掘浦)라고 일컫고, 주성(州城)에서 25리 떨어져 있다.

위의 사료에서 다음과 같은 사실을 알 수 있다.

첫째, 압록강은 검동도와 위화도 두 섬 사이를 지나가고 있다.

둘째, 이 압록강은 본류가 아닌 지류이며, 위화도로 흐르는 압록강 지류는 '굴포(掘浦)'라고 불린다.

현재 우리가 중국 단동시에서 살펴보는 압록강은 지류가 아닌 본류다. 본류 안에 하중도가 있다고 해서 그곳을 흘러가는 강줄기를 지류라고 하지 않는다. 따라서 위화도는 압록강으로 흘러가는 다른 강줄기에 있는 것이다. 압록강의 물줄기가 여러 지류로도 흐르고, 그러한 지류들이 다시 모여 압록강의 본류와 합쳐지고 있음은 다음의 사료에서도 확인할 수 있다.

> ① 이익균이 또 아뢰기를, "평안도 압록강은 서쪽으로 흘러서 의주(義州) 활동(闊洞) 앞에 이르러 두 갈래로 나눠지는데, 한 갈래는 바로 적강(狄江)으로 흐르고 한 갈래는 의주성(義州城) 밑을 끼고 서쪽으로 흐르며, 여기에 탄자도(灘子島)·어적도(於赤島)·위화도(威化島)·검동도(黔同島) 등 4섬이 두 갈래의 사이에 들어 있습니다. 만약 서쪽으로 흐르는 갈래를 막아서, 같이 적강(狄江)으로 흐르게 한다면, 4섬이 모두 우리의 소유가 되고 또한 경작하는 이익을 얻을 수 있으니, 관찰사와 의주 목사로 하여금 가부를 살펴서 아뢰게 하도록 청합니다."하니, 전교하기를, "가하다." 하였다.[35]

이 사료는 압록강의 흐름을 설명하고 있는 것인데 그 순서를 따라가 보자. 상류에서 흘러온 압록강은 의주의 활동(闊洞)에서 두 갈래로 나뉜다. 한 갈래는 곧바로 적강(狄江)으로 흐르고, 한 갈래는 의주성의 밑을 끼고 서쪽으로 흐른다. 이 내용은 우리가 알지 못했던 두 가지 사실을 알려 주고 있다.

첫째는 적강(狄江)[36]이 압록강의 지류라는 것이며, 둘째는 의주성 아래로 압록강이 흐른다는 점이다. 의주성 아래로 압록강이 흐른다는 것은 의주성이 현재의 압록강 위쪽에 위치하고 있다는 것이다. 의주성이 현재의 압록강 위쪽에 있다는 것은 압록강 물줄기가 갈라지는 '활동(鬝洞)'의 위치에서도 확인할 수 있다. 왜냐하면 현재의 신의주 지역에 의주 활동이 있다면, 압록강의 한 갈래가 적강으로 흐르는 것은 불가능하기 때문이다. 그렇다면 압록강 물줄기가 갈라지는 의주의 활동은 어디인가? 다음의 사료에서 그 위치를 찾을 수 있다.

②관전(寬甸): 동남에는 반도령(盤道嶺), 망보산(望寶山)이 있다. 동북에는 괘패령(掛牌嶺)이 있다. 압록강(鴨綠江)이 집안(輯安) 남쪽의 혼강구(渾江口)에서 들어온다. 서남쪽으로 안동(安東)에 들어간다. 우측에서 소포석(小蒲石), 영전(永甸), 장전(長甸), 대포석(大蒲石), 안평(安平) 등 강물이 들어온다. 동쪽에는 혼강(渾江)이 있고 우측에서 소아(小雅), 북고(北鼓), 남고(南鼓) 등 강물이 들어온다. 애하(靉河)가 서북의 우모령(牛毛嶺)에서 발원되고 서남으로 청(廳) 지경에 들어간다.[37]

위의 사료를 보면 우리가 알고 있는 압록강의 본류가 다름을 알수 있다. 즉, 강계(江界), 위원(渭源) 등에서 흘러오는 강물이 압록강의 본류가 아니라, 중국 요녕성 환인(桓仁)에서 흘러오는 혼강(渾江)이 압록강의 본류임을 알 수 있다.

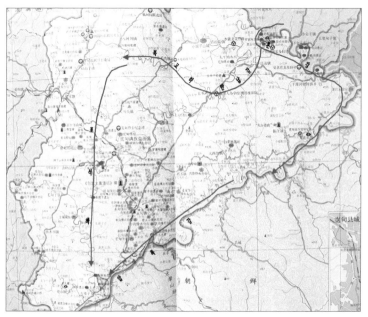

▲ 압록강 위쪽인 요녕성 관전현의 물줄기 흐름도

그렇다면 〈사료 ①〉에서 압록강의 물줄기가 갈라지는 의주의 활동도 혼강 줄기에 있음을 어렵지 않게 짐작할 수 있다. 즉, 압록강의 본류와 지류가 위아래로 나뉘어 흐르는 두 강줄기 사이에 위화도와 검동도 등이 있음을 알 수 있다. 적강은 지금의 애하(愛河)인데 〈사료 ②〉에서도 알 수 있다. 이상을 종합해 보면 혼강(渾江) 역시 압록강의 물줄기임을 알 수 있다. 이 혼강의 물줄기가 현재의 압록강으로 들어가기 전에 관전현으로도 흐르는 물줄기가 있는데 위화도는 이 사이에 위치하고 있다는 것이다.

우리가 일반적으로 압록강을 이야기할 때에는 강의 본류만을 말하고 지류는 생각하지 않는다. 하지만 위화도를 고찰함에 있어서는 위에서 살펴본 것처럼 압록강의 지류를 살펴보지 않으면 안 된다. 사서에도 명확하게 '압록강 지류'라고 기록되어 있는 것을 간과하고 오직 본류만 생각했기 때문에, 위화도를 설명한 다른 여러 기록들과도 맞지 않는 현재의 하중도가 위화도가 된 것이다.

'도압록강(渡鴨綠江), 둔위화도(屯威化島)'의 의미

『고려사』와 『고려사절요』[38]에서는 위화도 회군을 간단하게 기록하였는데, 두 책 모두 한 글자도 빼거나 틀린 글자 없이 아래와 같이 기록하였다.

1388년 5월 7일(음) 경진(庚辰). 좌군과 우군이 압록강을 건너 위화도에 주둔하였는데 도망하는 병사가 길에 끊이지 않았다. 우왕이 명하여 소재지에서 목을 베게 하였으나 막을 수가 없었다.[39]

현재의 위화도는 하중도(河中島)다. 따라서 위화도에 주둔한 병사들이 도망쳐 봤자 독 안에 든 쥐다. 그런데 위 내용은 우왕이 도망병을 참수하라고 엄명을 내렸음에도 이들을 막을 수가 없었다는 것이다. 더군다나 장마철 강물이 불어나서 걸어서 건너갈 수도 없는 곳인데 말이다. 현재의 위화도에서는 벌어질 수 없는 일을 기록해 놓은 것이다. 이는 위화도가 우리가 알고 있는 압록강의 하중도가 아니라는 뜻이다. 즉, 병사들이 어딘가로 도망갈 수 있으며, 이를 막을 수도 없는 곳이 위화도라는 것이다. 그렇다면 이 기록에서도 현재의 위화도는 역사적 현장인 위화도와 상관없는 곳이라는 생각에 이르게 된다. 이러한 의문은 곧바로 이어진 문장에서도 꼬리를 물고 이어진다.

> 좌우군 도통사(左右軍都統使)가 상언(上言)하기를,
> "신(臣) 등이 뗏목을 타고 압록강을 건넜으나, 앞에는 큰 냇물이 있는데 비로 인해 물이 넘쳐, 제1여울에 빠진 사람이 수백 명이나 되고, 제2여울은 더욱 깊어서 주중(洲中)에 머물러 둔치고 있으니 한갓 군량만 허비할 뿐입니다.[40]

이 기록에서도 알 수 있는 것은 위화도는 압록강 너머에 위치하고 있다는 것이다. 이는 기록의 순서를 따라가 보면 금방 알 수 있다. 먼저 요동 정벌군은 뗏목을 타고 압록강을 건넜다. 하지만 또 하나의 큰 냇물이 가로막고 있었다. 냇물에는 두 개의 여울[41]이 있는데, 장맛비로 인해 물살이 빠르게 흘러 첫 번째 여울을 건널 때 군사들 수백 명이 물에 빠지는 등 매우 위험한 상황이었다. 두 번째 여울은 더욱 깊어서 이를 무시하고 건널 경우 병력에 커다란 손실이 발생할 우려가 있으므로 진군을 멈추고 주둔하고 있는 것이다.

이성계는 위화도에 주둔한 군대 내부에 헛소문이 돌며 흉흉해지자 부장들과 함께 회군하기로 결의하고 군사를 돌려 압록강을 건넜다. 『고려사절요』에는 회군 당시의 모습을 생생하게 기록해 놓았다.

(1388년 5월 22일(음) 을미) 군사를 돌려 압록강을 건넜다. 태조는 백마를 타고 동궁(彤弓)과 백우전(白羽箭)을 메고 언덕에 서서 군사들이 모두 건너기를 기다렸다.… (중략)… 이때 장맛비가 여러 날 내렸는데도 물이 불어 넘치지 않았는데, 군사들이 건너고 나자 큰물이 갑자기 이르러 온 섬이 잠기었으므로 사람들이 모두 신기하게 여겼다.[42]

이성계는 백마를 타고 위화도의 언덕에 서서 병사들을 독려하며 회군하였다. 군사들이 모두 건너자 장맛비가 넘쳐서 섬이 잠겼다고 하였다. 다시 현재의 위화도인 하중도를 떠올려 본다. 평평한 모래섬에 언덕이 있을 수 없다. 게다가 하중도는 하류에 있어서 장마철이면 더더욱 잠기기 쉬운 곳이다. 간략하게 살펴본 회군 당시 위화도의 여러 모습은 현재 압록강 하중도에 있는 위화도와는 많은 차이가 있다. 이러한 의문점은 사서를 보면 볼수록 꼬리를 물고 이어진다. 왜 그럴까? 이는 다음의 문장을 자의적으로 해석하였기 때문이다.

'압록강을 건너 위화도에 주둔하였다.(渡鴨綠江屯威化島)'

이 문장의 순서를 살펴보면, 고려의 요동 정벌군이 압록강을 '건너(渡)'가서 어느 지점에 위치한 위화도에 '주둔(屯)'한 것이다. 이때의 '도(渡)'는 압록강을 전부 건너 반대편의 육지에 도착하였다는 의미다. 고려 군사가 현재의 압록강 하중도의 위화도에 주둔하였다면 이것은 도(渡)가 아닌 '입(入)'으로 써야 한다. 강을 건넌 것이 아니라 강 안으로 들어간 것이기 때문이다. 앞서 설명한 고려의 '입도출륙(入島出陸)' 전략이 바로 이러한 경우다. 즉, 적이 쳐들어올 경우에는 섬으로 들어가서 수비를 하다가 적이 돌아가면 다시 육지로 나오는 것이다.

이처럼 강이나 바다의 섬으로 '들어가는 것(入)'과 강을 '건너가는 것(渡)'은 근본적으로 차이가 있는 것이다. 이를 무시하고 자의적으로 해석하고 편의적으로 위치를 비정하였으니, 사서의 기록과 맞지 않는 모순과 문제점이 발생할 수밖에 없는 것이다.

3장

위화도의 정체

위화도는 어떤 곳인가

60만 평의 비옥한 땅

조선의 최전방 접경 지역

위화도는 어떤 곳인가

먼저 위화도는 어떤 곳인지 사서에 기록된 내용을 살펴보도록 한다.

① 위화도는 압록강의 갈라지는 물길이 빙 둘러 감싸고 물이 깊어서 건너가기가 어려우나, 다만 날씨가 가물면 걸어서 건너갈 수 있는 곳인데, 그 거리는 겨우 7, 80보(步)입니다.[43]

② 평안도 도순찰사 한계미(韓繼美)가 의주목사의 정문(呈文)에 의거하여 아뢰기를, "압록강 밖의 조몰정(鳥沒亭)·검동도(黔同島)는 비록 옛날부터 농사를 짓던 땅이나, 적로(賊路)가 사방으로 통하여 경작하기가 형세상 어려우며, 위화도는 검동도와 경계를 이루고, 압록강의 흐름이 두 섬 사이에 이르러 두 길로 나누어서 흐르는데, 위화도를 빙 둘러서 적강(狄江)에 들어갑니다. 그

흐름이 나누어지는 첫머리는 땅이 높고 물이 얕아서 인마(人馬)가 통할 수 있으니, 이를 파서 강의 흐름을 깊고 넓게 한다면 농민이 믿고 농사를 지을 것입니다. 청컨대 내년 봄에 부근 여러 고을의 군인 2천명을 뽑아서 뚫어 파게 하소서." 하니, 임금이 그대로 따랐다.[44]

위의 두 사료는 위화도의 주변 형세(形勢)를 설명하고 있다. 〈사료 ①〉에서 우리는 위화도에 대해서 생각하지 못했던 가장 중요한 한 가지를 알 수 있다. 그것은 날이 가물어 강물이 줄어들면 걸어서 건너갈 수 있는데, 강폭도 7~80보에 지나지 않는다는 것이다. 현재 단동시 앞 압록강에 있는 위화도는 일 년 내내 강물이 깊은 곳이다. 특히, 압록강이 황해와 통하는 입구에 위치하고 있어서 비가 오지 않아도 바닷물이 들어와 언제나 배를 타야만 위화도로 갈 수 있다.

〈사료 ②〉에서 위화도를 흐르는 압록강은 본류가 아닌 지류이며 위화도를 돌아서 흐르는 강물은 적강(狄江) 즉, 지금의 애하(愛河)에 연결되고 있다는 것을 알 수 있다. 이러한 사실은 앞에서 살펴본 바 있는, 압록강이 의주의 활동에서 두 줄기로 갈라져 한 줄기가 적강으로 흐른다는 내용과도 일치하는 것이다.

의주가 현재의 압록강 위쪽 지역도 포함하고 있는데 그 범위가 어디까지였는가를 아는 것은 쉽지 않다. 하지만 압록강의 흐름과 위화도, 검동도 등을 살펴보면, 의주의 범위는 적어도 현재의 혼강(渾江)이 환인(桓仁)에서 압록강으로 들어오다가 나뉘지는 곳인 태평초진(太平哨鎭)에서 관수진(灌水鎭), 석성진(石城鎭)을 연결하는 지역과, 애하가 압록강과 합류하는 곳까지로 잡을 수 있다. 따라서 위화도 역시 이 범위 안에 있는 것이다.

▲ 혼강이 관전현으로 들어오는 태평초진(太平哨鎭)

〈사료 ②〉에서 알 수 있는 또 하나의 사실은 압록강물이 흘러드는 위화도의 초입은 땅이 높고 물이 얕아 인마(人馬)가 통할 수 있다는 점이다. 이성계가 군사들을 회군시킬 때의 상황이 실록에 기록되어 있다.

▲ 태평초진(太平哨鎭)을 흐르는 강줄기

　　(이성계가) 이에 군사를 돌려 압록강을 건넜다. 태조는 백마(白馬)를 타고 동궁(彤弓)과 백우전(白羽箭)을 메고 언덕에 서서 군사들이 모두 건너기를 기다렸다. 군중에서 이를 바라보고 서로 말하기를, "예로부터 이와 같은 사람이 있지 않았다. 지금 이후로도 어찌 다시 이런 사람이 있겠는가."라고 하였다. 이때 장맛비가 여러 날 내렸는데도 물이 불어 넘치지 않았는데, 군사들이 건너고 나자 큰물이 갑자기 이르러 온 섬이 잠기었으므로 사람들이 모두 신기하게 여겼다. 당시 동요에 '목자득국(木子得國)'이라는 말이 있었는데, 군인과 백성들이 노소를 막론하고 모두 노래하였다. [45]

위의 내용을 〈사료 ②〉에 대입하여 보면 당시의 상황을 쉽게 이해할 수 있다. 이성계는 우왕의 요동 정벌 명령에 '4불가론'을 명분으로 위화도에서 회군하였는데 이때는 장마철이었다. 이성계는 위화도 초입의 언덕에 서서 강물이 불어나 초입의 언덕까지 차오르기 전에 군사들을 독려하여 강을 건넜다. 이어 군대가 모두 건너고 나자 밀려드는 강물에 언덕마저 잠긴 것이다.

이는 누구나 장마철이면 피하여야 한다는 것을 알고 있는 극히 평범한 상황이다. 장수가 이러한 상황에서 군사를 대피시키지 않는다면 그야말로 자격 미달일 수밖에 없는 것이다. 이러한 것을 사서는 이성계의 신묘함으로 묘사하고, '이씨 성을 가진 자가 나라를 세운다'는 참요를 퍼뜨려 위화도 회군의 명분을 만들어낸 것이다.

③예조 판서 서문유(徐文裕)가 작년 의주 유생(義州儒生)의 상소한 일로 품지(稟旨)하니, 임금이 말하기를, "위화도는 이미 비(碑)를 세울 곳이 아니다. 그리고 태조봉(太祖峰)과 회군천(回軍川)은 모두 비를 세우기가 어렵고, 익원당(翊原堂)은 그 장소를 적실히 알지 못하니, 본도(本道) 감사(監司)로 하여금 다시 살펴서 보고하게 하라." 하였다.[46]

④의주 유생 김하련(金夏璉) 등이 상소하기를, "태조 대왕께서 무진년 5월 위화도에서 회군할 때 진을 치던 곳과 선조 대왕께서

임진년에 주필(駐蹕)하던 곳에 비석을 세워 기념하시기 바랍니다."하니, 임금이 소견하고 비답을 내렸다.[47]

⑤ 본주(=의주)에 위화도가 있는데 우리 태조대왕께서 요동을 정벌하러 갈 때 군대를 머물렀던 곳이며, 여기에 익원당(翊原堂)이 있는데 우리 선조대왕께서 서울을 떠나 파천했을 때 머물렀던 곳입니다. 지금 태조대왕께서 군대를 머물렀던 때로부터 300년이 지났는데 여러 사람에게 맹세하던 단(壇)의 옛 자취가 완연하게 아직 남아 있으며, 태조봉(太祖峯)이니 호군천(犒軍川)이니 하는 이름이 여기에 남아 있고 실체도 의연하게 남아 있어 전날의 일처럼 환합니다.[48]

위의 사료들은 위화도가 어떤 곳인가를 단적으로 알려 주고 있다. 먼저 위화도에는 태조봉(太祖峯)으로 불리는 봉우리가 있다. 즉, 산이 연이어 있지는 않더라도 산의 형태를 갖춘 높다란 봉우리가 있고, 태조 이성계가 머물렀던 곳임을 기념하여 태조봉이라고 부른 것이다. 아울러 태조봉 주변을 흘러 위화도의 압록강으로 들어오는 개천이 있는데, 이는 회군천(回軍川)이라고 하였다. 또한, 이성계가 군대를 주둔시켰던 위화도에는 익원당(翊原堂)이라는 건물까지 지어서 조선 건국의 시발지가 된 곳을 기념하고 있는 것이다.

현재 위화도로 비정된 신의주 앞 압록강 안의 하중도는 사서에서 기록한 흔적들을 찾아볼 수 없는 곳이다. 익원당과 회군천은 오랜 세월이 흘러 사라졌다고 할 수 있어도 '태조봉'은 그럴 수 없는 것이다. 게다가 더욱 중요한 한 가지는 선조가 임진왜란으로 의주에 파천했을 때 머물렀던 곳이 바로 위화도에 세워진 익원당이라는 것이다. 현재의 위화도가 당시의 위화도라면 선조는 강 한가운데 모래밭에 있는 건물에 있었다는 것인데, 아무리 국난이라고 하더라도 한 나라의 임금으로서 머물 곳이 아니다. 이러한 사실은 다음의 사료들을 보는 순간 더욱 확신할 수밖에 없다. 이제 위화도의 참 모습에 한 걸음 더 다가가 보자.

60만 평의 비옥한 땅

평안도 도관찰사 조극관(趙克寬)이 아뢰기를 "의주는 경작할 만한 땅이 원래 적어서 백성들이 모두 위화도와 금음동도 및 어적도의 땅을 경작하여 먹고 살았는데, 이 세 섬에 경작하는 것을 금지한 이후로부터 백성들의 생활이 곤란하오니, 청하옵건대, 그전대로 경작하게 하소서."하니, 의정부에 내려 의논하게 하였다.[49]

위의 사료는 위화도가 농경지로서 중요한 곳임을 설명하고 있다. 이는 농사지을 땅이 부족한 의주 지역에서 위화도만한 땅이 없기 때문이다. 아울러, 위화도는 옛날부터 경작지로써 농사를 지어 오던 땅이었다. 그러던 것이 위화도가 국경 지대와 가까운 곳에 위치한 까닭에 농사가 금지된 것이다.

의정부와 예조가 함께 의논하여 아뢰기를, "쇄환하여 간 중국인들이 위화도의 건너편 마을에 오래 전부터 와서 살고 있는데, 이들은 기름진 땅을 탐내어 옛 섬으로 돌아갈 것을 도모하고 죽기를 한하고 뛰어 듭니다. 만약 금지를 허술히 하면 모두 전에 살던 곳으로 다시 와서 점차 견고하게 뿌리박게 될 것이니, 사세가 금지하기 어렵게 될 것입니다. 이렇게 되면 국경의 피해가 오랜 세월 동안 끝이 없을 것이므로 그들이 막을 지을 때마다 따라가서 즉시 철거해야 합니다. 지금 비록 쇄환하더라도 봄이 되면 틀림없이 와서 농사지을 형세이니, 의주의 목사판관으로 하여금 교대로 가서 살펴 개간하지 못하게 하고, 비록 씨를 뿌렸더라도 군사와 말을 놓아 밟아 없앰으로써 결단코 와서 사는 것을 용납하지 않겠다는 뜻을 보여야 합니다."⁵⁰

위의 내용은 위화도가 국경 지대에 있는 땅임을 알려 준다. 조선의 의주에 와서 농사짓다가 쇄환당한 중국인들은 위화도가 비옥한 땅이라는 것을 잘 알고 있었다. 그래서 중국인들은 위화도의 건너편에 마을을 형성한 채 호시탐탐 기회를 엿보고 있던 것이다. 현재의 압록강 하중도인 위화도는 비옥한 땅이라고 할 수 없고, 천혜의 강줄기가 막고 있어서 중국인들이 호시탐탐 노릴 수도 없는 곳이다.

그런데 의정부와 예조에서는 우리가 방비를 허술히 하면 중국인들이 다시 위화도로 와서 농사를 짓게 될 것이라고 하고 있다. 아울러 이를 수수방관하면 그때는 국경 지역의 피해가 끝없이 반복될 터이니,

저들이 몰래 초막을 짓고 씨를 뿌릴 때마다 군사를 풀어 즉시 없앰으로써 저들에게 단호한 의지를 보여야 한다고 보고하고 있다. 그런데 퇴치 방법이 말 탄 군사들을 보내서 곡식이 자라지 못하도록 밟아 없애는 것이다. 여기서 또다시 의문이 들 수밖에 없다.

위화도가 강 안의 섬이라면 조선의 군사들은 매번 배에 말을 싣고 가거나 부교를 놓고 건너야 한다. 중국인들도 조선의 단속을 피해가며 농사를 지으려면 수시로 강을 건너다녀야 한다. 중국인들이 이렇게 고생을 하며 위화도에 와서 농사를 지을 정도로 땅이 협소한가. 또한, 위화도에서 농사를 지은 후에 그 곡식을 운반하는 것도 문제가 아닐 수 없다. 다음의 사료들을 살펴보면 현재의 위화도는 더욱 문제가 있음을 알 수 있다.

⑥ 위화도는 땅이 비옥하고 둘레가 7, 80리가 되는데 섬 밖에 또 두 줄기 강물이 있습니다만, 이미 저쪽에서나 이쪽에서나 교통하는 길이 아니어서 사람이 살지 않고 폐기된 지가 수백여 년이 되었습니다. 만일 땅이 없는 백성들에게 원하는 대로 개간하여 경작하게 한다면, 3백여 일(日) 갈이의 전지를 확보할 수 있습니다. 이를 둔전(屯田)으로 만들어 세금을 거두어 바치게 하면 곡식이 수 만여 곡(斛)이 될 것이니, 앞에서 진달한 진(鎭)에서 제공하는 군식(軍食)도 이것을 쓰면 충분히 넉넉하게 할 수 있습니다.[51]

⑦의주부윤 조흥진(趙興鎭)이 상소하였는데, 대략 이르기를, "위화도는 육도(六島)의 하류와 삼강(三江)의 경계 안에 있는 한 섬인데, 한갓 아득한 갈대밭으로 반나절 동안 사냥하는 장소가 되고 있을 뿐입니다. 신이 그곳의 형편을 가서 살펴보고 그 땅에 알맞은 토산물을 헤아려 보았는데, 그곳은 길이가 19리이고 너비는 8, 9리가 되며 토질이 기름지고 형지(形止)가 평탄하고, 또 강가에 있어 여러 들(峒)에는 제언(堤堰)을 쌓는 비용이 없어 단지 구역만 나누면 곧 경작을 할 수 있는데, 폐하여 묵힌 햇수가 오래되어 생산되는 곡식이 기필코 갑절은 될 것입니다. 지금 만약 이런 종류의 버려진 땅을 개간하기 위해 앞으로 흩어진 백성들로 하여금 그곳을 개간하도록 허락한다면, 수천 명에 달하는 섬 주민 가운데 생업을 잃은 자가 모두 장차 토지를 갖게 되어 안도하게 될 것입니다. 대체로 이 섬의 개간을 허락하는 것에 대한 논의는 그 유래가 오래되었습니다."[52]

위의 사료에서는 위화도의 크기를 짐작할 수 있다. 위화도의 길이는 19리이고, 폭은 8~9리, 총 둘레는 7~80리에 달한다. 이러한 위화도를 개간하여서 백성들에게 농사를 짓게 한다면, 300일 갈이의 밭을 확보할 수 있다고 하였다. 일반적으로 소가 하루갈이를 할 수 있는 땅은 대략 2천 평이다. 따라서 300일 갈이라면 60만 평의 전지(田地)가 되는 것이다. 게다가 농사를 짓지 않고 묵힌 지 오래되어 토질은 더욱 비옥해졌다. 이처럼 60만 평의 비옥한 땅이 있다면 백성들은 누구나 탐낼 수밖에 없다. 왜냐하면 이러한 땅에 농사를 지으면 수확량도 다른 땅에 비하여 갑절이 될 것은 당연한 것이기 때문이다. 그래서 위화도를 경작하면 최소한 수만 곡에 이르는 군량을 확보할 수 있다고 한 것이다.

조선의 최전방 접경 지역

의주에 속하는 위화도는 고려와 조선 시대의 서북 경계에 위치하였다. 이처럼 접경 지역인 이유로 종종 국경을 넘나드는 사람들이 있었다. 이들이 일으키는 문제를 사전에 방비하기 위해서도 성의 구축은 당연한 것이었다. 특히, 의주 지역은 연이은 산 사이로 난 길목에 위치한 까닭에 적은 병사로도 많은 적을 막을 수 있는 군사적 요충지였다.

⑧ 평안도 도절제사가 아뢰기를, "의주 위화도·원직도·수청도 등지로 본주(本州)에서 국경을 넘어 가서 경작하는 자가 혹 있사온데, 요동 사람이 송참(松站) 등지에 왕래하고 있기 때문에, 서로 사귀고 통하게 되어 저편에 가서 투탁(投託)하는 자가 생길까 염려되오니, 청하옵건대, 조관(朝官)을 보내어 살피고 단속하여 혼란의 조짐을 막게 하옵소서."하니, 그대로 따랐다.[53]

⑨ 난자도·검동도·초모도의 3도(島)는 의주목사가, 위화도는 인산 절제사가, 신호수는 방산만호가 수호하게 할 것[54]

⑩ "중국에서 진(鎭)을 설치한 것은 요동에서 봉황성까지 무릇 5진 인데, 또 탕참을 설정하니 의주에서 거리가 50리 밖에 안 됩니다. 이미 탕참을 설치하고서 또 파사보를 설치하며 검동도·위화 도·조몰평의 양전(良田)도 모두 점거하였으니 금하려고 하지만 될 수 있겠습니까. 이것은 나라의 이익이 아닙니다. 또 의주성을 보면 좁고 낮은데 잡석으로 성루를 만들었으니, 방어에 굳건하 지 못하며, 중국인이 쳐다보기에도 보잘 것이 없습니다."[55]

〈사료 ⑧〉을 보면 위화도에 사는 조선인과 명나라 사람들이 자 주 왕래하는 것을 알 수 있는데, 이는 두 나라의 국경선이 맞닿아 있기 때문이다. 그런데 위화도는 의주목사 관할이 아니고 인산절제사가 통 괄하도록 하고 있다.(《사료 ⑨》) 절제사는 군사를 지휘하는 군직(軍職)이 다. 이로 보아 위화도는 당시 조선의 최전방이었음을 알 수 있다. 〈사료 ⑩〉은 위화도가 있는 주변 지역의 몇 가지 현황을 알려 준다. 첫째로 의 주에서 탕참(湯站)까지의 거리가 50리(20km)라는 것이다. 탕참은 봉황 성(鳳凰城) 변문신(邊門鎭)과 송골신(松鶻山) 사이에 있었다.

▲ 청과 조선의 경계였던 변문진(邊門鎭)

조선은 건국 과정에서 명과의 국경을 연산관(連山關)으로 정하였다.[56] 그런데 세종 시기에 사신로의 험준함을 들어 보다 편리한 자유채(刺楡寨)로의 조정을 요구하였다.[57] 하지만 명은 자유채로의 변경을 허가하지 않고 있다가, 성종 때에 이르러서는 청천벽력과도 같은 자문(咨文)이 도착하였다.

"조선 국왕의 사은(謝恩)에 관한 일. 성화(成化) 17년(1481) 10월 10일에 배신(陪臣) 홍귀달이 북경에서 돌아오면서 가져온 병부의 자문(咨文)에, '조선 국왕이 동팔참(東八站) 남쪽에 왕래할 새로운 길을 개통할 것을 주청하였기에 본부에서 이미 요동을 지키는 신하에게 통고하였고, 그 후 요동진수(遼東鎭守) 태감 위랑이 보고하기를, 「봉황산 서북쪽 약 15리 가량에 하나의 보(堡)를 쌓아 이름을 봉황성이라 하여 마보 관군(馬步官軍) 1천 명을 주둔시키고, 봉황성 서쪽 약 60리 떨어진 곳인 지명 사열참(斜烈站)에 1보를 쌓아 이름을 진녕보(鎭寧堡)라 하고, 사열참 서북쪽 약 60리 떨어진 곳인 지명 신통원보(新通遠堡)의 남쪽에 1보를 쌓아 이름을 영이보(寧夷堡)라 하여 각각 마보 관군 5백 명을 주둔시켜 봉황성의 응원군으로 삼을 것입니다. 이렇게 하면 조선 사신의 왕래에 모두 머무를 곳이 있어서 겁탈당할 염려가 없어질 것입니다.」 하였습니다. 본부 관원이 성지(聖旨)를 받들었는데, 이에 본부에서는 진녕보의 이름을 진동(鎭東)으로, 영이보의 이름을 진이(鎭夷)로 바꾸고 나머지는 그대로 결정하여, 성화 17년 6월 29일에 병부상서 진(陳) 등이 보고하였고, 다음날 성지를 받들었더니 「그대로 실시하라.」 하였으므로, 전에 명을 받아 진행하는 것 외에 이번 의견에 따라 시행하게 되어서 통지하는 바입니다.' 하였습니다. 이에 본직(本職)은 온 나라의 신민과 함께 감격을 이기지 못합니다."[58]

명은 조선의 사신을 보호해 주겠다는 명분으로 국경 관문을 연산관에서 봉황성으로 옮겨왔는데, 이는 원래 국경에서 조선의 영토로 180리 들어온 것이다. 명이 국경 관문을 봉황성으로 이전하겠다는 통보에 대하여 조선은 연산군 때까지도 이에 대한 방비책을 세워

야 한다는 논의가 분분하였다.[59] 그런데 연산군을 몰아내고 왕위에 오른 중종 때에 이르면 봉황성은 이미 명의 영토가 되어 버린 것을 알 수 있다.

"애양보(靉陽堡)와 봉황성(鳳凰城)은 우리나라의 변방과 매우 가까우니 방비책을 공고히 하지 않을 수 없습니다. 달자들이 갑자기 우리 변방을 침범하지 않는 것은 동팔참(東八站)에서 쉽사리 사로잡아 갈 수 있어서 굳이 쉬운 것을 놔두고 어려운 것을 할 필요가 없기 때문입니다. 그러나 변방의 일을 이 때문에 소홀히 할 수는 없습니다. 따라서 지금 미리 조처해야 한다는 상의 분부가 지당합니다."[60]

이처럼 조선의 국경이 연산관에서 봉황성으로 바뀜에 따라 평안도 의주는 조선의 최전방이 되어 봉황성을 마주보고 있게 된 것이다. 〈사료 ⑩〉에서 의주까지의 거리가 50리라고 하는 것은, 의주목사의 행정치소가 있는 곳까지의 거리를 말하는 것이다. 현재 의주에서 봉황성까지를 국도로 연결하여도 60km가 된다. 그렇다면 의주성은 현재의 압록강 너머에 위치할 수밖에 없다. 이는 앞서 의주의 위치를 살펴본 '압록강이 의주성 밑을 끼고 흐른다'는 내용에도 부합하는 것이다.

▲ 중국 요녕성의 봉황산성터. 조선이 사신로 변경을 요청하자 명은 사신들을 호위해 준다는 명분으로 연산관에 있던 국경 관문을 이곳으로 옮겼다.

명은 조선과의 국경을 봉황성으로 정했음에도 계속해서 조선의 영토를 침탈하여 탕참과 파사보를 설치하였다. 그리고는 자국민들이 그 인근 지역의 검동도, 위화도, 조몰평의 좋은 땅을 모두 점거하는 것을 방치하였다. 그동안 호시탐탐 노려온 비옥한 땅이었기 때문이다. 파사보는 현재의 중국 요녕성(遼寧省) 관전현(寬甸縣) 지역이다. 봉황성이 있었던 봉성시(鳳城市)에서 관전현까지의 거리를 지도에서 살펴보면 직선거리로도 68km에 이른다. 조선은 봉황성에 이어 또다시 150리에 달하는 평안도 땅을 빼앗기고 만 것이다.

이제까지 살펴본 것처럼 위화도와 주변 지역은 명과의 접경지이자 국방상 요충지여서 항상 충돌의 위험이 있는 곳이다. 게다가 양국 농민들 사이에서도 경작지로서 결코 포기할 수 없는 땅이었다. 그런데 중국에서 탕참에 이어 파사보까지 설치하며 위화도 지역을 점거하였다. 이는 중국인들이 바로 의주성의 코앞[61]까지 들어온 것이니 위화도는 국경 지대에서도 최고의 요충지였던 것이다.

4장

위화도의
위치와 지형

위화도는 강변에 있는 땅이다

위화도에는 태조봉이 있다

왜란을 피해 선조도 머물렀던 위화도

위화도는 강변에 있는 땅이다

앞에서 보았던 〈사료 ⑦〉을 다시 살펴보자.

의주부윤 조흥진(趙興鎭)이 상소하였는데, 대략 이르기를, "위화도는 육도(六島)의 하류와 삼강(三江)의 경계 안에 있는 한 섬인데, 한갓 아득한 갈대밭으로 반나절 동안 사냥하는 장소가 되고 있을 뿐입니다. 신이 그곳의 형편을 가서 살펴보고 그 땅에 알맞은 토산물을 헤아려 보았는데, 그곳은 길이가 19리이고 너비는 8, 9리가 되며 토질이 기름지고 형지(形止)가 평탄하고, 또 강가에 있어 여러 들(坰)에는 제언(堤堰)을 쌓는 비용이 없어 단지 구역만 나누면 곧 경작을 할 수 있는데, 폐하여 묵힌 햇수가 오래되어 생산되는 곡식이 기필코 갑절은 될 것입니다. 지금 만약 이런 종류의 버려진 땅을 개간하기 위해 앞으로 흩어진 백성들로 하여금 그곳을 개간하도록 허락한다면, 수천 명에 달하는 섬 주민 가운데 생업을 잃은 자가 모두 장차 토지를 갖게 되어 안도하게 될 것입니다. 대체로 이 섬의 개간을 허락하는 것에 대한 논의는 그 유래가 오래되었습니다."

위의 기록은 1811년(순조 11년) 2월의 내용으로, 농사철을 앞두고 위화도에서의 경작의 필요성을 설명하고 있는 부분이다. 이 내용을 좀 더 자세하게 검토하면 위화도에 대한 몇 가지 단서를 더 알아낼 수 있다. 먼저 위화도는 오랫동안 경작을 하지 않은 채 방치되어 갈대가 무성한 사냥터로 변하였는데, 사냥 시간도 반나절은 걸리는 넓이의 땅이다. 이와 함께 위화도가 어떤 곳인가를 알 수 있는 특별한 단서를 제시해 주고 있다. 위화도는 '강가에 있는 여러 들(沿江諸堈)'이라고 한 것이 바로 그것이다. 즉, 위화도는 '강변에 있는 넓은 들'인 것이다.

일반적으로 들을 표현하는 한자는 '야(野)'이다. 그런데 여기서는 '경(堈)'을 썼다. 무슨 차이가 있을까? 경(堈)은 수도에서 멀리 떨어진 곳, 국경과 가까운 곳에 있는 들을 의미하는 한자이다. 또한, 위화도의 들에는 제언(堤堰)을 쌓아야 하는데 비용이 없어서 쌓지 못하였다고 하고 있다. 제언(堤堰)이란 강의 일부를 가로지르는 둑을 쌓아 물을 저장하는 것으로, 가뭄에 대비하기 위한 것이다.

이처럼 위화도는 국경 지대의 강가에 있는 들판으로 수십만 평에 달하는 비옥한 땅이라는 사실을 알 수 있다. 위화도가 강가에 있는 땅이 맞는가? 그렇다. 이것은 다음의 사료가 확실하게 입증해 주고 있다.

비국 당상 정민시가 아뢰기를, "의주부(義州府)는 본디 사람은 많고 땅은 좁은데, 그중 위화도는 토지가 비옥한데도 오랫동안 버려져 왔습니다. 그리하여 그곳 백성들이 농사를 짓도록 허락해 주기를 원하고 있으나, 의논하는 자가 어렵게 여겨 말하기를 '성조(聖祖)께서 군대를 주둔시켰던 곳이다.' 또는 '연변(沿邊)의 땅이다.' 또는 '오래 버려진 땅이다.'라고 합니다."[62]

위의 기록은 위화도를 설명하고 있는 부분인데, 분명하게 '강가에 있는 땅(沿邊之地)'이라고 설명하고 있다. 즉, 위화도는 지금의 압록강 가운데 있는 하중도가 아닌, 강변에 길게 늘어서 있는 땅인 것이다. 우리는 2장에서 삼면이 물로 둘러싸인 곳도 '섬(島)'이라고 한다는 사실을 알았다. 그러므로 위에서 설명하는 위화도는 강물이 굽이져 돌아가는 가장자리에 만들어진 충적토로 이루어진 들판인 것을 알 수 있는 것이다.

앞서 3장에서 위화도의 모습을 집중적으로 검토하였다. 그 결과 위화도는 우리가 알고 있는 것과는 전혀 다른 모습이었음을 알게 되었다. 즉, 위화도는 강가에 위치한 60만 평에 달하는 비옥한 땅이며, 이러한 위화도이기에 의주 백성들뿐만 아니라 중국인들도 욕심을 부렸던 것이다. 또한, 중국인들이 경작하는 것을 막기 위하여 의주 목사와 판관으로 하여금 수시로 말 탄 군사들을 보내서 중국인들을 쫓아내라고 하였던 것이다.

위화도에는 태조봉(太祖峯)이 있다

이제까지 위화도가 위치한 주변의 대략적인 모습을 살펴보았다. 이제 위화도 내부는 어떤 형태를 하고 있는지 그 안으로 들어가 보도록 한다. 위화도는 앞에서 살펴보았듯이 60만 평에 달하는 넓은 땅이다. 그곳은 우리가 일반적으로 산천을 말할 때 필요한 자연물들이 모두 갖춰진 곳이다. 산봉우리도 있고, 개천도 있고, 언덕과 길도 있다. 뿐만 아니라 기념비와 건축물도 있었다. 강 가운데 하중도에는 이러한 자연물이 있을 수 없다. 사료들이 알려 주는 위화도의 참모습은 이렇다.

①태조가 위화도에 군사를 머무르고 있을 때, 여러 날 장마가 져도 물이 붇지 않다가, 군사를 돌리어 언덕에 오르자 큰물이 갑자기 불어서 온 섬이 잠겼다.[63]

② 위화도는 압록강의 갈라지는 물길이 빙 둘러 감싸고 물이 깊어
서 건너가기가 어려우나, 다만 날씨가 가물면 걸어서 건너갈 수
있는 곳인데, 그 거리는 겨우 7·80보(步)이다.[64]

③ 임금이 말하길, "위화도는 이미 비(碑)를 세울 곳이 아니다. 그리
고 태조봉(太祖峰)과 회군천(回軍川)은 모두 비를 세우기가 어렵
고, 익원당(翊原堂)은 그 장소를 적실히 알지 못하니, 본도(本道)
감사(監司)로 하여금 다시 살펴서 보고하게 하라."고 하였다.[65]

④ "태조대왕께서 무진년 5월에 위화도에서 회군할 때 진을 치던
곳과 선조대왕께서 임진년에 주필(駐蹕)하던 곳에 비석을 세워
기념하시기 바랍니다."하고 청하니, 임금이 소견하고 비답을 내
렸다.[66]

⑤ 의주부윤 조흥진(趙興鎭)이 상소하였는데, 대략 이르기를, "위화
도는 육도(六島)의 하류와 삼강(三江)의 경계 안에 있는데, 한갓
아득한 갈대밭으로 반나절 동안 사냥하는 장소가 되고 있을 뿐
입니다."[67]

위화도는 굽이진 강가의 충적토가 만든 땅이기에 평지만 있는 것
은 아니다. 〈사료 ①〉과 〈사료 ②〉를 보면 이성계가 이끄는 요동 정벌군

은 장마로 인하여 회군할 때에 강물이 불어났는데 모두 언덕으로 올라가서 수몰을 피할 수 있었다. 이처럼 위화도는 큰 비에 강물이 넘쳐나는 곳이기도 하지만, 반대로 가뭄 때에는 걸어서 건너갈 수 있는 곳이기도 하였다. 강폭도 80보 정도다. 이로 보아 위화도의 지형은 언제나 강물이 흐르는 평탄한 곳이 아님을 알 수 있다. 즉, 위화도는 물이 잘 빠지는 산기슭이나 언덕이 있는 지형에 위치하고 있다는 것을 알려 주는 것이다. 또한, 드넓은 위화도를 개간하지 않고 버려두면 온갖 풀들과 갈대로 뒤덮여 사냥터로 변하는데, 그 크기가 반나절에 걸쳐 사냥을 할 수 있는 정도로 넓다고 하였다(〈사료 ⑤〉).

뿐만 아니라 위화도는 태조 이성계가 군사를 돌려 고려를 종식시키고 조선을 개창한 역사적인 장소임을 상기시키기 위하여 여러 가지 지명과 표식(標式)을 남겼다. 〈사료 ③〉과 〈사료 ④〉에서 알 수 있듯이 위화도에는 태조봉(太祖峯)이라는 산봉우리도 있고, 회군천(回軍川)이라는 개천도 있으며, 위화도 회군 당시 진을 쳤던 곳에 기념비도 세웠다. 아울러 익원당(翊原堂)이라는 건축물도 세웠다. 우리가 현재 알고 있는 위화도에서는 사서에 보이는 위화도의 모습을 어느 것 하나도 찾아볼 수 없다. 기념비와 건축물은 사라져 버렸다고 할 수 있어도 강물이 불어날 때 피할 수 있는 언덕도 없다. 그런 곳에서 태조봉과 같은 산봉우리를 찾는다는 것은 그야말로 어불성설(語不成說)인 것이다.

왜란을 피해 선조도 머물렀던 위화도

앞에서 살펴본 〈사료 ④〉는 우리가 그동안 몰랐던 또 한 가지의 중요한 역사적 사실을 알려 주고 있다. 즉, 선조가 임진왜란을 당하여 의주까지 피신하였는데 의주에서 머문 곳이 바로 위화도에 세워진 '익원당(翊原堂)'이라는 것이다. 위화도가 현재의 압록강 하중도라면 조선의 왕이 의주성을 놔두고 강 가운데 모래밭에 있었다는 이야기가 되는 것이니 이 또한 있을 수 없는 일이다. 앞에서 여러 방면으로 살펴본 것처럼, 위화도가 다른 곳에 있기 때문에 선조가 위화도의 익원당에 주필(駐蹕)하였던 것이다.

선조는 의주에 주필하면서 사태가 위급하면 명에 구원을 요청하고 국경을 넘어가려고 하였다. 그러자 명은 포정사(布政司)를 통해 다음과 같이 알려 왔다.

'자그마한 아문(衙門)에서는 할 수가 없다. 만일 불행히 들어온다면 궁속(宮屬)과 부득이하게 따르는 자 외에 호위하는 군사를 간략하게 거느리고 오게 하라.'[68]

조선의 왕이 정세가 급박하여 요동으로 피난을 온다면 막지는 않겠으나, 왕에 대한 영접은 어려우니 최소한의 인원만 거느리고 오라는 것이다. 이에 대사헌 이덕형(李德馨)이 아뢰기를,

"소신의 생각으로는 급박하면 내부(內附)하여도 방해가 없을 듯합니다. 그러나 요동은 한 모퉁이라서 사는 사람이 매우 적고 도로도 험하여 평상시 하인(下人)의 왕래에도 오랫동안 머물기가 어렵습니다." … (중략) … 상이 이르기를, "대체적으로 요동에 들어갈 계획은 어떠한가?" 하니, 덕형이 아뢰기를, "우리나라에 한 고을도 남은 곳이 없게 된 뒤에 가야 될 것입니다. 만일 한 고을이라도 남아 있으면 갈 수가 없습니다. 대부분의 공억(供億)을 어느 아문(衙門)에서 하겠습니까. 반드시 적병의 핍박으로 부득이하게 된 뒤에 가야 될 것입니다. 그렇지 않으면 가서는 안 될 듯합니다."[69]

이덕형은 선조가 월경하는 것을 극구 만류하고 있다. 전란으로 조선의 모든 고을이 폐허가 되었다면 몰라도 그렇지 않은 상황에서 한 나라의 국왕이 자신만의 안위를 위하여 백성을 버리고 국경을 넘어가

는 일이 있어서는 안 된다고 말하고 있다. 그럼에도 선조는 하루라도 빨리 국경을 넘어 안전하다고 생각하는 요동으로 가고 싶었다.

상이 이르기를, "여기서부터 요동으로 들어가는 길에 물이 있는가?"

이덕형이 아뢰기를, "여덟 번 강을 건너는 곳이 있고 또 험준한 산과 물결이 급한 강이 있습니다. 물에 막히면 건너기가 쉽지 않고 청석령(靑石嶺) 등의 산길은 매우 험합니다. 요동은 극변(極邊)의 지역이어서 인가(人家)도 매우 드물고 더러워서 유숙할 수가 없습니다. 요양(遼陽)은 성곽과 지세가 낮으며 수토(水土)도 나쁩니다."

"수토가 나쁘다고 말하는 것은 무엇을 이르는 것인가?"

"물은 진흙물이어서 맑은 물이 없고 샘은 있으나 좋지 못합니다."

겸춘추(兼春秋) 윤승훈(尹承勳)이 아뢰기를,

"종사(宗社)의 대계(大計)에 대하여 소신 같은 자는 진실로 말을 할 수 없습니다만, 압록강을 건넌 뒤에는 2백 년 종사를 앞으로 어느 곳에 두겠습니까? 중국 군사를 간청하고 우리나라도 군민(軍民)을 불러 모은다면 어찌 일을 할 수가 없겠습니까."[70]

대사헌이 선조에게 요동으로 피신하는 길은 험준하고, 설령 요동에 도착하여도 변방 지역이라서 물도 좋지 않아 왕이 기거하기에는 여러 가지로 어려운 곳임을 설명하고 있다. 그래도 선조의 반응이 없자 함께 입시하였던 겸춘추 윤승훈까지 나서서 200년 종묘사직을 지킬 것을 간곡히 아뢰고 있다. 그런데 윤승훈의 주청하는 말 중에 '압록강을 건너면' 2백 년 종사가 위태롭다고 하였다. 이곳에서 말하는 압록강은 어느 강을 말하는 것인가. 이는 지금의 신의주와 중국 단동 사이를 흐르는 압록강을 말하는 것이 아니다. 윤승훈이 말하는 압록강은 적강(狄江), 즉 지금의 애하(愛河)를 말하는 것이다.

우리는 앞에서 압록강의 흐름을 살펴보았다. 즉, 압록강이 의주의 활동(潤洞)에서 본류와 지류로 나뉘는데 지류가 적강으로 흐르고, 이 강줄기가 다시 동남쪽으로 흘러 압록강과 만나 바다로 들어간다고 하였다. 또한, 압록강의 본류는 의주성의 밑을 끼고 서쪽으로 흐른다고 하였다. 따라서 윤승훈이 말한 압록강은 현재의 애하를 일컫는 것이다. 애하를 건너가면 곧 명의 봉황성이니 애하가 조선과 명의 국경을 나누는 압록강인 것이다. 압록강의 지류인 애하가 조선과 명의 국경인 것은 다음의 사료에서도 알 수 있다.

대개 이 초하(草河)와 애하(靉河) 두 물이 합쳐 들어오는 곳은 바로 소방(小邦;조선)의 변계(邊界)인데 소방의 변방 백성들 중에 이따금 완악한 자가 많아 조금만 편리한 기회가 있으면 틈을 타서 문득 다시 간사한 일을 저지르고 있습니다.[71]

의주의 위치가 애하에서 멀지 않은 곳에 있는데 어찌 선조가 현재의 압록강을 넘지 않을 수 있겠는가. 이처럼 우리는 압록강의 본류만을 생각하고 지류는 생각조차 하지 않았기 때문에, 사서의 기록과 전혀 다른 국경사를 배웠던 것이다.

▲ 봉황산 앞을 흐르는 애하. 조선과 청의 경계였다.

역사지리에서의 방위는 진북(眞北)으로 보아야 한다

방위는 거리와 함께 위치를 비정하는 가장 기본적인 요소이다. 역사지리학에서 방위는 거리보다 더욱 중요하다고 할 수 있다. 올바른 방위 설정이 이뤄져야만 그로부터 거리 측정도 가능하기 때문이다. 그러므로 방위야말로 제반 역사적 사실을 밝히는 가장 기초적인 출발점이 되는 것이다. 역사지리에서의 방위는 사서뿐만 아니라 지리지, 기행, 연행록 등 다양한 사료에서 접할 수 있다. 대부분의 사료(史料)는 8방위로 방향을 제시하고 있다. 그런데 우리는 그동안 사료에 보이는 수많은 방위를 잘못 이해하여 왔다. 이로 인해 산천과 지형이 맞지 않게 되자, 후대 연구자들은 당대의 기록이 잘못되었다고 주장하며 수정하는 일이 많았다.

이러한 문제는 지리지의 내용을 해석하는 과정에서 많이 발생한다. 특히, 기준점을 중심으로 강줄기의 흐름이나 해당 지명의 방위를 설명하는 부분에서 더욱 심하다. 이러한 방위 읽기의 오류는 당시에 직접 해당 지역을 방문하고 기록한 기행의 내용조차 집필자가 방위를 구분 못하고 대충 기록했다는 식으로 합리화할 정도다.

　왜 이러한 오류가 발생하는 것일까? 그것은 우리가 현재 일반적으로 살펴보는 방위에 역사 기록을 대입하였기 때문이다. 우리는 역사 지리의 방위를 살펴볼 때 제일 먼저 지도를 펼쳐 놓고 방위를 측정한다. 즉, 지도에서 보는 방위인 도북(圖北)에만 익숙하다. 이것이 고대 역사지리의 방위를 잘못 계산하는 원인인 것이다. 그렇다면 사서에 기록된 방위는 어떻게 계산하여야 하는가? 이때의 방위는 북쪽이 기준점이 된다. 그런데 북을 나타내는 방위는 다음과 같이 세 가지로 구분된다.[72]

1. 진북(眞北;true north): 지구 자전축의 북극 방향을 말하는 것으로, 지구상의 어떤 지점으로부터 북극까지 이은 선은 진북의 기준선이 된다. 진북을 가리키는 가장 신뢰할 수 있는 지표는 북극성이다. 일반적으로 북쪽을 말할 때에는 진북을 가리키는 것이다.

2. 도북(圖北;grid north): 지도에서 나타내는 북쪽. 지도에는 경선과 위선이 있는데, 지도의 상단에 있는 경선이 북쪽을 가리킨다. 이렇게 지도 상에서 경선과 위선의 좌표에 따라 설정되는 북쪽을 도북이라고 한다.

3. 자북(磁北;magnetic north): 나침반의 자석이 가리키는 북쪽을 말하는 것으로 지구 자체가 거대한 자석이며, 그 자장이 남북으로

뻗어 나가기 때문에 이를 이용하여 자북 방향을 측정한다.

고대에는 태양의 움직임과 북극성의 위치를 기준으로 방위를 정하였다. 이 방법을 진북(眞北)이라고 한다. 진북을 기준으로 계산하는 방위법은 나침반이 발견된 이후에도 전통적인 방법으로 애용되었다. 그렇기 때문에 고대의 지리지나 기행, 연행록 등의 방위 기록은 진북으로 기록할 수밖에 없다. 즉, 고대의 사료에 나타나는 방위는 모두 진북으로 이해하여야 하는 것이다. 지도가 본격적으로 제작된 것은 18세기부터다. 그런데 지도에 진북을 표시하기가 어려워 위선과 경선을 이용한 도북(圖北) 개념이 정립되었다. 지도는 언제나 제작자가 속한 국가의 영토를 중심에 두고 제작한다. 이때 진북과 도북의 편차가 발생하는데, 이를 '도편각'이라고 한다.

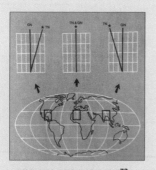
▲ 진북, 도북, 자북의 편차 관계[73]

그간의 역사지리 비정은 지도의 방위에 익숙한 탓에 대부분 도북 개념으로 방위를 비정하여 왔다. 이러한 까닭에 지리지나 기타 사료에 나타난 방위와 실제로 많은 부분에서 차이가 발생하였던 것이고, 이러한 방위 계산법으로 사서의 지리 기록과는 전혀 다른 결과와 결론을 내렸던 것이다. 그러므로 지리지에 기록된 방위를 올바르게 계산하기 위해서는 진북을 기준으로 삼아서 살펴보아야만 한다.

우리에게 익숙한 도북의 동서남북 4방위는 '十' 형태로 나타낼 수 있다. 하지만 한반도를 진북으로 표시하면 'X' 형태가 되어 방위 자체가 달라진다. 즉, 우리가 일반적으로 알고 있는 동북쪽이 진

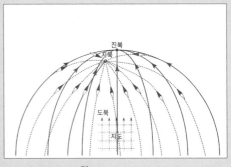

▲ 도북과 진북의 차이[74]

북 방향이 되고, 북쪽은 서북쪽, 서북쪽은 서쪽 방향이 되며 우리가 알고 있었던 서쪽은 서남쪽 방향이 되는 것이다. 이러한 진북 방위는 조선 시대에 이미 지도에 반영되어 제작되기도 하였다.

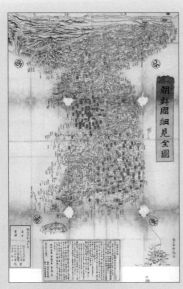

▲ 진북 방위를 표시한 지도[75]

▲ 진북 방위로 그린 지도[76]

위화도를 찾아라

이제 위화도의 위치에 대하여 구체적으로 알아보기로 한다. 위화
도의 위치를 일기 위해서는 위화도가 포함된 지역의 지형을 세밀하게
살펴볼 필요가 있다.

① 검동도와 같은 것은 거리가 의주성으로부터 30여 리이고, 위화도
　는 그 반이 더 떨어져 있는데다가 모두 난자강(蘭子江)·압록강 두
　강의 밖에 있으니, 이는 곧 6, 70리의 노정(路程)으로서 왕래하는
　데 거의 하루가 걸리는데, 또 어떻게 경작하기를 바라겠는가.[77]

② 검동도(黔同島): 모든 강을 건너는 사람들이 반듯이 이 섬의 북쪽
　을 거치는데 〈중국의〉 서울로 가는 사신이 입조(入朝)하는 길이
　기도 하다.[78]

③ 위화도(威化島): 검동도의 아래에 있는데 둘레가 40리이다.[79]

④ 본국과 중국은 압록강을 경계로 삼았고 적강(狄江)은 바로 팔도
하(八渡河)의 하류이므로 본래 경계에 관계되지 아니한다. 삼도
는 두 강 사이에 있는데 조종조(祖宗朝)에 나라가 승평(昇平)하자
변경 백성이 스스로 내왕하면서 농사를 지어 많은 이익을 얻었
다. … (중략) … 적강은 팔도하로부터 압록강으로 흘러 들어오는
것이니, 이는 별도의 강이다. 태조 고황제(太祖高皇帝)의 시에 이
르기를, "압록강 물이 맑아 옛 나라 경계했네(鴨綠江清界古封)"라
고 한 것이 바로 이것이다. 그 사이 삼도는 단지 몇 조각의 땅인
데 중국이 어찌 와서 다투겠는가.[80]

〈사료 ④〉부터 살펴보자. 위화도의 위치가 압록강과 적강 사이에
있음을 알려 주고 있다. 팔도하의 하류인 적강은 압록강으로 흘러들어
가는 강인데 지금의 애하(愛河)이다. 즉, 압록강의 본류와 애하 사이에
위화도가 있다는 것이다. 〈사료 ①〉과 〈사료 ③〉에서는 위화도와 검동
도의 위치, 의주성에서 위화도까지의 거리를 알 수 있다. 즉, 위화도는
검동도의 아래에 있으며 의주성에서 검동도는 30리, 위화도는 45리 정
도 떨어져 있다. 이들 두 섬은 난지강과 압록강 밖에 있다고 하였는데,
여기서 말하는 압록강은 본류를 말하는 것이다. 의주성에서 검동도와
위화도를 왕복하는 데 하루 정도가 걸리는 일정이다.

〈사료 ②〉는 위화도의 위쪽에 있는 검동도의 중요한 역할을 알려 주고 있다. 그것은 중국을 오가는 사신들은 반드시 검동도의 북쪽으로 지나간다는 것이다. 이는 곧 검동도가 사신들이 오가는 길목이었음을 알 수 있게 해 준다. 검동도가 중국을 오가는 사신들이 지나는 길목이라면, 조선 시대 사신들이 남긴 연행록의 일정도 새롭게 살펴보아야만 하는 것이다.

위화도는 조선 시대 내내 개간과 경작에 대한 각종 찬반논의가 있었다. 이러한 논의 속에는 위화도를 설명하는 과정에서 주변 지명과 지형들이 함께 거론된다. 위화도의 위치를 고찰하는 데 있어서 주변의 지명과 지형은 매우 중요한 가치를 지닌다. 위화도 위치 고찰에 필요한 몇 가지 중요한 내용을 살펴보도록 한다.

⑤ 의정부에서 병조의 정장(呈狀)에 의거하여 아뢰기를, "송골산(松骨山) 동북쪽 모퉁이의 대창산(大昌山) 서동(西洞)이 의주의 위화도와 금음동도의 두 섬과의 거리가 삼식(三息)여 남짓한 도정(途程)으로서 길이 평탄하니, 곧 요충의 땅입니다."[81]

⑥ 위화도를 개간할 만하다 하나, 큰 강 밖에 있어 왕래하며 경작하려면 사람들이 매우 힘듭니다. 다만 대천(大川)·수구(水口) 두 동리와 송산(松山)·대문(大門)·인산(麟山)·해구(海口)는 모두 의주

경내이며 토지가 기름지고 수리(水利)가 좋고, 적변(賊變)이 생겨 강을 건너올 염려가 없으며, 논을 만든다면 무궁한 이익을 거둘 만하니, 청컨대 먼저 개간하여 시험해 보시기 바랍니다.[82]

⑦ 의주 강변의 위화도에 중국인들이 있는데 마이산(馬耳山)에서 이주하여 와 농사를 짓고 있었으므로 역관을 차견하여 요진순안사(遼鎭巡按使)에게 이에 대해 쟁변(爭辨)하고 금패(禁牌)를 내어 법령대로 몰아내게 하였다.[83]

위화도의 위치를 올바르게 알기 위해서는 위화도의 특징뿐만 아니라, 위화도 주변의 지명과 지형에 대해서도 자세하게 살펴볼 필요가 있다. 실록에는 위화도 주변의 지명과 지형들이 함께 거론되는데, 이는 위화도의 위치를 찾는 데 중요한 근거가 될 수 있다. 특히, 위의 기록들은 위화도의 위치를 좁혀 가는 데 많은 도움을 준다.

제일 먼저 살펴봐야 하는 곳은 송골산(松骨山)이다. 왜냐하면 물줄기의 흐름은 약간씩 변할 수 있지만, 산은 움직일 수 없는 지형물이기 때문이다. 〈사료 ⑤〉를 보면, 송골산의 동북쪽 끝에 대창산(大昌山) 서동(西洞)이 있다. 즉, 대창산은 송골산이 연이어 뻗어 나간 산들 중에 동북쪽 방향의 끝에 있는 산이다. 이곳에서 위화도까지는 90리(里)의 거리다.[84] 그런데 대창산 이후로 동북쪽은 낮은 지형으로써 길이 평탄하다고 하였다. 이는 곧 송골산의 높은 산줄기가 대창산에서 끝난다는 것을 의미하는 것이다. 〈사료 ⑥〉과 〈사료 ⑦〉에는 대천, 수구, 마이산 등 위화도 주변의 여러 지명이 나온다. 이러한 지명의 위치를 찾을 수 있다면 위화도의 위치 비정에 많은 도움이 될 것이 분명하다.

▲ 태평초진으로 들어온 혼강 줄기가 반랍강(半拉江)이 되어 위화도로 흘러가는 모습. 실록에서는 난자강(蘭子江)으로 기록되었다.

위화도는 압록강 너머에 있다

위화도는 의주에 있다. 현재의 위화도는 신의주에 있다. 그렇다면 이성계가 회군한 위화도가 있었던 의주는 지금 우리가 알고 있는 의주일까? 조선 시대의 의주 나루는 지금의 수풍댐이 있는 곳에서 조금 아래쪽인 태평만(太平灣) 지역이었다. 이곳은 북한 쪽에서는 삭주에서 강줄기가 들어오고, 중국 쪽에서는 포석하(蒲石河)가 압록강과 만나는 곳이다. 육로와 수로가 모두 요지인 곳이다. 따라서 중국을 가거나 조선으로 오는 사신들은 이곳으로 다녔다.

앞에서 의주의 활동(濶洞)이 현재의 압록강 위쪽인 중국 요녕성 관전현 지역이었음을 확인하였다. 의주의 범위가 현재의 압록강 위쪽이었다는 것은 의주의 치소도 압록강의 위쪽에 위치하였다는 것을 의미한다. 이는 다음의 사료에서 확인할 수 있다.

압록강을 막 건너 만성(灣城)에 이르면 강줄기가 셋으로 나뉘는데, 그 가운데 있는 한 섬의 이름이 위화도(威化島)입니다. 이 섬은 땅이 비옥하고 둘레가 7, 80리가 되는데 섬 밖에 또 두 줄기 강물이 있습니다만, 이미 저쪽에서나 이쪽에서나 교통(交通)하는 길이 아니어서 사람이 살지 않고 폐기된 지가 수백여 년이 되었습니다. 만일 땅이 없는 백성들에게 원하는 대로 개간하여 경작하게 한다면, 3백여 일(日) 갈이의 전지를 확보할 수 있습니다.[85]

만성(灣城)은 의주성을 말하는 것으로 의주의 치소가 위치한 곳이다.[86] 위의 사료에서 의주의 치소는 압록강을 건너 멀지 않은 곳에 있음을 알 수 있다. 그런데 조선 후기에 제작된 각종 지도에는 의주성이 모두 압록강의 아래쪽 강변에 그려져 있다. 이는 어찌된 것인가? 의주성의 위치가 이처럼 그려진 이유는 청(淸)이 만주 지역을 자신들의 발상지라고 우기며 봉금 조치하자, 조선이 평안도의 행정 구역들을 모두 압록강 아래로 옮겼기 때문이다. 조선이 이렇게 행정 구역을 조정한 이유는 청의 봉금 정책 때문만은 아니었다.

"순치(順治) 때부터 책문(柵門) 밖 1백여 리의 땅을 버려두고 피차 서로 접하지 못하게 했으니, 그 뜻이 심원(深遠)했던 것입니다. 또 우리나라는 변방 백성들이 근래 매우 간악하여 경계를 넘어 이거(移居)하는 자가 있으니 마침내 반드시 대국(大國)에 죄를 얻을 염려가 있습니다. 이런 뜻으로 이자하여 방색(防塞)하는 것이 옳습니다."[87]

즉, 평안도 변방 지역의 주민들이 중국인들과 가까운 국경 지역에 거주하면 수시로 월경(越境)하는 문제가 발생할 것이고, 이때마다 대국(大國)인 청나라에게 죄를 얻을 것이 걱정되었던 것이다. 따라서 변방 주민들의 월경을 사전에 차단하기 위한 방책으로 국경인 봉황성의 책문(柵門)에서부터 1백여 리의 땅을 비워 놓은 것이다.

조선 후기의 지도들은 이처럼 행정 구역을 이동한 후에 그린 것이다.[88] 하지만 사료들은 의주가 압록강 위쪽에 있었음을 알려 준다. 이는 청이 만주 지역을 봉금 조치하여 조선의 평안도 행정치소들이 이동하였지만, 그것은 단순히 행정치소의 이동을 의미하는 것이지 조선 영토의 축소를 의미하는 것은 아니기 때문이다. 따라서 실록에 기록된 내용대로 살펴보아야만 사실을 알 수 있는 것이고, 이렇게 할 때만이 적확하게 맞음을 알 수 있다.[89]

상이 대신과 비국의 신하들을 희정당(熙政堂)에서 인견하였다. … (중략) … 상이 또 이르기를, "이 뒤로 파수(把守)하는 일은 어떻게 의논해 정해야 하겠는가?"하니, (정)태회가 아뢰기를, "압록강을 한계로 해야 마땅하겠습니다. 그러나 그것도 반드시 저 나라(청)와 의논을 해서 정하는 것이 온당하겠습니다."하자, 상이 이르기를, "강을 한계로

삼을 경우 우리 땅이 저네들에게 들어가니 어찌 아깝지 않겠는가."하였다.[90]

조선의 영토가 현재의 압록강 위쪽에도 있었음은 현종 때 국경 파수를 논하는 위의 사료에서도 명확하게 알 수 있다. 영의정인 정태화가 압록강을 한계로 삼아 국경을 지켜야 한다고 하자, 현종이 압록강 너머에 있는 조선의 영토를 포기하란 말이냐고 되묻고 있다. 이처럼 몇 개의 사료만 확인해 보아도 조선의 평안도는 현재 압록강 위쪽 지역 즉, 중국 요녕성의 일부 지역까지를 포함하고 있었음을 쉽게 알 수 있다.

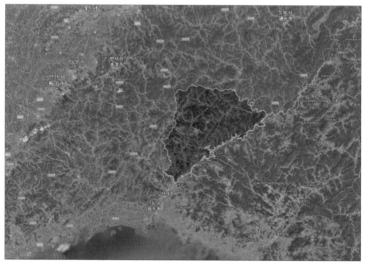

▲ 실록의 기록으로 살펴본 위화도의 범위. 실록의 위화도와 관련된 내용을 검토하면 현재의 중국 요녕성 관전현 지역에 있음을 알 수 있다.

조선의 의주는 평안도의 국경 지역에 있는 거점 도시였다. 중국의 사신들이 입국할 때 조선이 제일 먼저 맞이하는 요지이자, 조선의 사신들이 중국으로 향할 때 마지막으로 묵으며 최종 점검을 하던 국경 도시인 것이다. 따라서 의주도 현재의 압록강 위쪽에 있을 수밖에 없다. 그리고 그 지역은 현재의 중국 요녕성 관전현과 단동시 일대였던 것이다.

역사적 현장의 위화도를 찾다

이제까지 사서에 기록된 위화도의 여러 모습을 살펴보았다. 이 과정에서 한 가지 확실한 사실을 알았다. 그것은 현재 우리가 알고 있는 위화도는 이성계가 군사를 회군시킨 그 위화도가 아니라는 것이다. 즉, 우리가 알고 있는 위화도는 진짜가 아닌 가짜 위화도인 것이다.

그렇다면 진짜 위화도는 어디에 있는가. 이제 본격적으로 역사적 현장인 위화도를 찾아 나서자. 먼저 위화도를 찾는 데 필요한 사서의 기록들을 정리해 볼 필요가 있다. 이러한 사항들을 하나씩 확인하면 진짜 위화도의 위치를 알 수 있을 것이기 때문이다. 위화도의 위치 비정에 필요한 사항들을 정리하면 아래와 같다.

〈위화도의 모습〉

첫째, 위화도는 강변에 있는 땅이다.

둘째, 위화도는 60만 평의 넓은 들이며 그곳에는 태조봉과 회군천이 있다.

셋째, 위화도는 압록강의 지류인 굴포에서 강줄기가 셋으로 나뉘는 가운데에 있다.

넷째, 위화도는 굴포를 사이에 두고 검동도와 마주보고 있는데, 검동도의 아래쪽에 있다.

〈위화도의 주변〉

첫째, 압록강이 의주 활동에서 두 갈래로 나뉘는데, 한 갈래는 애하로 이어지고, 한 갈래는 현재의 압록강으로 흘러 바다로 들어간다. 위화도와 검동도는 이 두 갈래 사이에 있다.

둘째, 위화도는 송골산 동북쪽 모퉁이에 있는 대창산의 서동(西洞)에서 90여 리 떨어진 곳에 있는데, 이쪽 지역은 길이 평탄한 요충지이다.

셋째, 위화도 부근에는 대천, 수구, 송산, 인산, 해구, 마이산 및 파사부 등이 있다.

먼저, 위화도 주변에 있는 산과 강을 출발점으로 위화도의 위치를 추적해 본다. 이때 중요한 두 가지 기준점은 '송골산'과 '압록강 지류'이다. 이 두 기준점에 대한 사서의 내용을 다시 살펴보도록 한다.

> ①의정부에서 병조의 정장(呈狀)에 의거하여 아뢰기를, "송골산(松骨山) 동북쪽 모퉁이의 대창산(大昌山) 서동(西洞)이 의주의 위화도와 금음동도(今音同島)의 두 섬과의 거리가 삼식(三息)여 남짓한 도정으로서 길이 평탄하니, 곧 요충(要衝)의 땅입니다."[91]

송골산은 중국 측의 연구에 의하면 현재의 오룡산(五龍山)이다.[92] 오룡산은 현 단동시에서 서북쪽으로 25㎞ 떨어진 곳에 있는 산으로, 높이는 7백 미터에 이른다.[93] 이 산은 중국 요녕성의 단동시와 봉성시의 두 경계에 걸쳐 있다. 위화도는 이 산의 동북쪽 모퉁이에 있는 대창산에서 90여리 떨어진 지점에 있다. 90여리는 약 50㎞ 정도의 거리다. 현 단동시를 흐르는 압록강에 있는 위화도는 오룡산과의 거리를 아무리 멀리 잡아도 20㎞이다. 또한 방향도 동북쪽이 아닌 동남쪽이다.[94] 그러므로 사서에 기록된 위화도와는 방향과 거리가 맞지 않는다. 이는 역사적 장소인 위화도가 현재의 압록강 위화도보다 훨씬 위쪽의 강줄기에 있음을 알려 주고 있는 것이다.

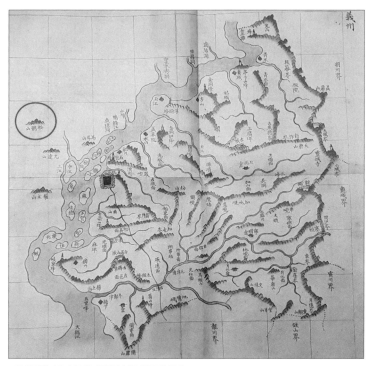

▲ 조선지방지의 송골산. 압록강 본류 위쪽에 있다.

　　사서의 송골산은 현재의 오룡산이 맞는가? 이는 연행사신(燕行使臣)들의 노정을 살펴보아도 알 수 있다. '진강성'에서 '탕참'까지 가는 노정은 송골산을 거쳐서 가는데, 현재의 지도에서 찾아보면 '오룡산'과 일치한다. 연행록이 기록한 자세한 여정을 살펴보면, '압록강-중강(中江)-마이산(馬耳山)-호아산(虎兒山)-서강(西江,俗稱狄江)-진강성(鎭江城)-송골산(松鶻山,一名貴山)-정석산(頂石山)-세포(細浦)-유전(柳田)-탕참(湯站)' 순이다.[95] 압록강은 의주에서 두 갈래로 나뉘는데 한 갈래가 서강(西江)이다. 이 강은 적강으로 이어진다고 하였으니 서강을 적강이라고도 부른 것이다. 적강은 현재의 애하(愛河)이니 송골산은 애하를 건너가서 있는 산이다. 이는 또 다른 연행록의 시에서도 확인할 수 있다.

송골산 앞으로 압록강은 흐르고(松鶻山前江鴨綠)
내 마음 멀리 떠나 멀어짐이 간절해라(私心祗切遠離違)[96]

이 시는 1826년 북경을 다녀온 신태희가 압록강을 건너가기에 앞서 통군정에 올라 머나먼 사행길에 오르는 자신의 마음을 읊은 것이다. 이 시에서도 송골산은 압록강 건너에 있는 산이다. 그런데 여기서 말하는 압록강은 현재의 단동시를 흐르는 압록강이 아닌 애하를 말하는 것이다.

앞의 사료에서 위화도는 송골산에서 동북쪽으로 약 50㎞ 정도의 거리에 있음을 알았다. 이제 압록강 줄기를 통하여 위화도의 위치를 추정하도록 한다.

②(우의정)이극균(李克均)이 또 아뢰기를, "평안도 압록강은 서쪽으로 흘러서 의주 활동(濶洞) 앞에 이르러 두 갈래로 나눠지는데, 한 갈래는 바로 적강(狄江)으로 흐르고 한 갈래는 의주성 밑을 끼고 서쪽으로 흐릅니다. 여기에 탄자도(灘子島)·어적도(於赤島)·

위화도(威化島)·검동도(黔同島) 등 네 개의 섬이 두 갈래의 사이에 들어 있습니다."[97]

압록강 물줄기가 의주 활동에서 두 갈래로 나뉘는 강줄기는 앞서 2장에서 살펴본 것처럼 현재의 혼강(渾江)이다. 이 강은 중국 요녕성의 집안(集安)과 환인(桓仁)을 거쳐 관전(寬甸)의 동쪽에 이르러 위의 기록처럼 물길이 갈라진다. 그 중 한 줄기가 현재의 애하인 적강으로 들어감을 알 수 있다. 이상을 종합하면 위화도는 다음과 같은 범위 내에 있음을 알 수 있다.

① 위화도는 오룡산의 동북 모퉁이에 있는 대창산에서 90여리 되는 지점에 있다.
② 위화도는 혼강의 물줄기가 두 갈래로 나뉘어 한 줄기는 애하와 이어지고, 한 줄기는 압록강과 만나 서쪽으로 흘러 바다로 들어가는 데 그 안에 있다.

이를 지도로 살펴보면 현재의 압록강 위쪽인 '중국 요녕성 관전만족자치현' 지역에 해당한다. 이 지역에 역사적인 장소인 위화도가 있는 것이다.

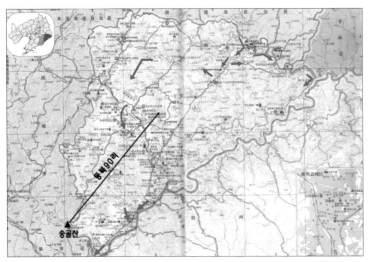

▲ 송골산 위치와 압록강 지류의 물줄기. 송골산은 현재의 오룡산이며, 빨간색 화살표는 관전현 지역 강줄기의 진행 방향을 나타낸 것이다.

그런데 여기서 한 가지 의문점이 생긴다. 의주의 활동 앞에서 두 갈래로 나뉜 물길 중 한 갈래는 적강으로 연결된다는 강줄기가, 위의 지도에서 살펴보면 사실이 아님을 알 수 있다. 즉, 사료의 내용과는 다르게 높은 산이 물길을 막고 있다. 그렇다면 사료의 기록이 잘못된 것일까? 그렇다. 이러한 사실 역시 실록의 내용에서 확인할 수 있다.

③ "신[영사 유순정]이 전에 의주목사로 있을 때에, 이극균이 또한 압록강의 갈라져 흐르는 곳을 막아 적강(狄江)으로 돌려 흐르게 하고 검동도를 육지와 연결시켜 경작하기를 편리하게 하려고 계문(啓聞)하였었는데, 신과 관찰사로 하여금 같이 합당 여부를

살펴보아 아뢰도록 하였었습니다. 신이 그 때에 그 합당 여부를
살펴보니, 압록강과 적강은 서로 접속되지도 않고 지형이 또한
높아서 돌려대어 합류시킬 수 없었으나, 서강(西江)이라면 돌려
댈 수 있었습니다."[98]

위의 사료를 보면 우의정 이극균이 물줄기의 흐름을 잘못 알고
임금에게 아뢴 것이었음을 알 수 있다. 앞의 지도에서 표시된 물줄기도
애하와는 연결이 안 되고 포석하와 연결되고 있는 것을 알 수 있는데,
이를 통해서도 유순정이 의주목사로 부임하여 살펴본 사실과 일치하고
있다. 이제 위화도는 이 지도의 범위 안에 있음이 더욱 확실해졌다.

위화도는 서쪽으로 애하에서부터 동쪽으로 혼강이 압록강을 만
나 바다로 나아가는 그 사이에 있음을 알았다. 위화도가 있는 곳의 범
위가 좁혀졌으니 이제는 본격적으로 위화도를 찾아보자. 다음 사료는
위화도를 찾는 데 중요한 근거를 제공해 주고 있다.

④ 압록강을 막 건너 만성(灣城)에 이르면 강줄기가 셋으로 나뉘는
데, 그 가운데 있는 한 섬의 이름이 위화도이다.[99]

위의 내용은 의주와 위화도의 위치를 구체적으로 알려 주고 있
다. 즉, 압록강[100]을 건너면 곧바로 의주성이 있다. 이 의주성에서 가까
운 곳에 강줄기가 세 갈래로 나뉘는 곳이 있는데, 그 가운데에 위화도

가 있다는 것이다. 앞서 압록강의 물줄기에 대하여 살펴보았는데, 그렇다면 위의 사료에서 말하는 강줄기는 압록강이 의주 활동에서 갈라지는 첫 번째 물줄기인 것이다. 이 물줄기가 〈사료 ③〉에서 알 수 있듯이 서강(西江)인 것이다. 서강은 요녕성 백산(白山)에서 발원한 혼강(渾江)이 통화(通化)와 환인(桓仁)을 거쳐 현재의 압록강으로 들어가기 전에 관전(寬甸)에서 갈라지는 물줄기이다.

〈사료 ①〉부터 〈사료 ④〉까지의 내용에 부합하는 장소를 구글 지도에서 찾아보면 딱 한 곳이 있다. 그곳은 바로 '중국 요녕성 관전만족자치현 서점자(徐店子)' 지역이다. 아래의 지도는 서점자 지역의 물줄기를 나타낸 것이다. 이곳은 혼강에서 갈라진 물줄기가 〈사료 ④〉의 내용

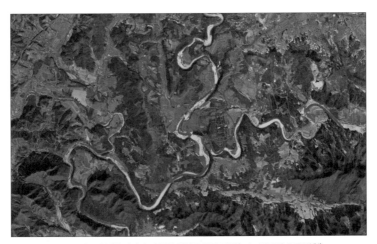

▲ 중국 요녕성 관전만족자치현 서점자 지역의 위화도 추정 지역(→는 강물의 흐름 방향)

내로 세 갈래로 흐르고 있다. 위화도는 압록강 지류가 빙 둘러서 흐른다고 하였고[101] 검동도의 아래에 있다[102]고 하였으니, 이를 종합한 것이 지도의 표시 부분이다. 이 지역이 사료의 내용에 부합하는 위화도로 추정되는 곳이다.

위화도는 강변에 있는 땅으로 그 면적은 60만 평에 이른다. 아울러 위화도에는 태조봉과 회군천이 있다고 하였다. 아래 지도는 위화도로 추정되는 서점자 지역의 면적을 계산한 것이다. 59만여 평으로 실록의 기록과 차이가 없다. 또한, 이곳에는 높게 솟은 산봉우리가 유일하게 한 곳 있는데, 지도에서 보듯이 검동도를 막 건너서 있다. 강변의 들녘에 솟아 있는 봉우리의 높이는 249미터로, 태조봉으로 불리기에 손색이 없어 보인다.

▲ 위화도 면적. 빨간색 표시는 태조봉이 있는 위치

실록에서 위화도와 관련된 사료를 검토하다 보면 여러 지명이 함께 나온다. 이는 위화도의 여러 상황을 설명하는 과정에서 나오는 것이니 위화도 주변의 지명일 확률이 높다. 지명은 수시로 바뀌고 이동한다. 역사지리 고찰이 쉽지 않은 것도 바로 이러한 이유 때문이다. 하지만 모든 지명이 바뀌고 이동하는 것만은 아니다. 경우에 따라서는 오래도록 바뀌지 않고 그 자리에 있는 지명들도 있다. 설령 바뀐다 하더라도 그 연원을 알 수 있는 경우도 있다.

위화도는 630여 년의 역사적 시간이 흘렀다. 이토록 오랜 시간이 흘렀음에도 당시의 지명이나 흔적이 남아 있다면 매우 고무적인 일이 아닐 수 없다. 실록에 보이는 위화도 부근의 지명으로는 검동도(黔同島), 대천(大川), 수구(水口), 송산(松山), 대문(大門), 인산(麟山), 해구(海口) 및 마이산(馬耳山)과 파사부(婆娑府) 등이 있다. 수백 년이 지난 지명들 중에 아직도 남아 있는 것이 있을까? 의구심을 가지고 구글 지도와 고덕지도(高德地圖)를 검색하였다. 그 결과, 세 곳을 찾을 수 있었다. 바로, '대천(大川)'과 '수구(水口)' 및 '파사부(婆娑府)'였다.

대천(大川)과 수구(水口)

지명은 중복될 수 있다. 그리고 중국 어디에나 같은 이름의 지명이 있을 수 있다. 하지만 위화도로 추정되는 곳 인근에 같은 지명이 있다면 보다 세밀하게 검토할 필요가 있다. '대천(大川)'이라는 지명은 '큰 냇물이 흐르는 곳'을 뜻하는 말이다. 이에서 유추한다면, 평상시에는 물 흐름이 약하거나 변동이 없지만 폭우라도 내리면 많은 물이 흐르는 곳이라는 의미다. '수구(水口)'라는 지명은 '물이 흘러 들어오거나 흘러나가는 곳'인데 대천(大川)이란 지명이 있는 것으로 봐서 물이 흘러나가는 곳의 지명으로 보는 것이 타당하다. 이 두 지명이 위화도 인근에 있다는 것은 사서의 기록과도 일맥상통하는 부분이 있다.

> 좌우군 도통사(左右軍都統使)가 상언(上言)하기를, "신(臣) 등이 뗏목을 타고 압록강을 건넜으나, 앞에는 큰 냇물이 있는데 비로 인해 물이 넘쳐, 제1여울에 빠진 사람이 수백 명이나 되고, 제2여울은 더욱 깊어서 주중(洲中)에 머물러 둔치고 있으니 한갓 군량만 허비할 뿐입니다."[103]

　우왕의 요동 정벌은 장마철에 이루어졌다. 이성계가 군사를 이끌고 압록강을 건너 위화도에 이르기까지, 장맛비로 인하여 진군(進軍)에 많은 어려움이 있었음을 알 수 있다. 제1여울은 어렵게 건넜지만 제2여울은 너무 깊고 물살이 거세서 더 이상 진군하기가 어려워 위화도에 주둔하고 있었던 것이다. 위화도 주변에 있는 지명인 대천과 수구는 이성계 군사의 진군을 가로막는 제1, 제2여울을 만드는 통로가 되었을 것이다. 이제 두 지명을 지도에서 찾아보면 그 위치는 다음 지도에서 보는 것과 같다.

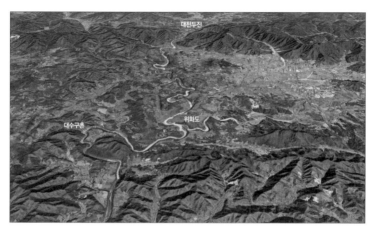

▲ 위화도 주변 대천두진과 대수구촌의 위치

실록에 기록된 대천과 수구는 오늘날 '대천두진(大川頭鎭)'과 '대수
구촌(大水沟村)'으로 남아 있다. 대천두진의 자의(字意)는 '큰 개천의 머리'
이니, 이는 곧 큰 물길이 시작되는 지점을 의미한다. 즉, 여기저기에서
흘러온 물이 이곳에 모여서 커다란 개천이 된다는 것이다. 대수구촌의
'구(沟)'는 '구(溝)'의 중국식 간자체 표현이다. 이 글자는 '하수구'의 뜻도
있다. 그러므로 대수구촌은 대천두진에서 흘러오는 물이 흘러나가는
곳이라는 의미로 볼 수 있다.

두 지명의 위치를 위화도 추정 지역과 비교해 보면 사서의 내용
이 보다 명확해진다. 위의 지도에서 보는 것처럼 대천두진은 위화도의
위쪽에 있고, 대수구촌은 아래쪽에 있기 때문이다. 즉, 대천두진에서
내려오는 강물이 위화도를 돌아서 대수구촌으로 흘러가고 있는 형세

인데, 이성계 군사는 장마철에 이러한 물줄기를 거슬러 진군해야 했으니 더욱 힘들 수밖에 없었던 것이다.

파사부(婆娑府)

파사부는 원나라 초기에 설치되었는데, 요나라에 이어 중원을 차지한 금나라가 설치한 파속로(婆速路)를 고친 것이다. 고려의 의주는 원의 부마국이던 때에 파사부에 예속된 여러 주·진(州鎭) 중의 하나였다.[104] 그런데 명나라 때에는 봉황성 변문을 지나 조선의 영역에 탕참을 설치한 데 이어, 의주의 경계에까지 다가와서 파사부를 설치하였다.

⑤ 지난해 개주에 성을 쌓았고 또 앞으로 탕참(湯站)에 성을 쌓을 것이다. 개주는 의주에서 1백여 리 거리이며, 탕참에서는 6, 70여 리가 된다. 탕참에 성을 쌓으면 또 반드시 파사부(婆娑府)에 성을 쌓을 것인데, 의주와의 거리는 겨우 30여 리이다. 파사부에 성을 쌓으면 반드시 압록강 삼도(三島)의 전지(田地)를 경작(耕作)할 것인데, 이것은 우리가 오늘날 걱정해야 할 것으로서 이를 보류하여 뒷날의 근심이 되게는 할 수 없다.[105]

⑥ "신이 들으니 중국에서 파사부를 설치한다고 하는데, 파사부는 의주 검동도와 가깝고 토지가 비옥하므로, 전일에는 주민들이

경작을 하였으나 그 후, 야인에게 약탈을 당하게 되므로 드디어 경작을 금지하였던 것입니다."[106]

〈사료 ⑤〉에 의하면 파사부와 의주의 거리는 30리 정도다. 의주의 앞까지 다가온 것이다. 〈사료 ⑥〉에서는 파사부의 구체적인 위치가 나온다. 바로 검동도와 가깝다고 하였다. 의주에서 검동도까지의 거리는 15리[107]에서 30리[108]이다. 파사부가 의주에서 30리라고 하였으니 검동도는 파사부와 붙어 있거나 약간 떨어진 곳에 있는 것이다. 명이 의주의 경계에까지 와서 파사보를 설치하면 이제까지 의주의 농민들이 경작하던 삼도(三島), 즉 어적도, 검동도, 위화도에서의 경작마저 빼앗길 수 있음을 걱정하고 있다.

명이 파사부를 설치한 곳은 어디였을까? 다음의 사료들을 참고하면 그 위치를 쉽게 파악할 수 있다.

⑦ 파사부(婆娑府)는 요양성에서 동쪽으로 470리에 있다.[109]

⑧ 압록강은 요양성에서 동쪽으로 530리에 있다.[110]

〈사료 ⑦, ⑧〉을 참고하여 파사부의 위치를 찾아보면 현재의 중국 요녕성 관전만족자치현이다. 이곳에서 압록강은 동쪽으로 약 60리 정도다. 현재 이곳에는 성보(城堡)터가 있고, '파사부 거리'도 있다. 그리고 앞서 추정한 위화도의 위치와 함께 살펴보아도 파사부가 매우 가까운 거리에 있음을 알 수 있다. 이곳에서 파사부인 관전현까지의 거리는 약 20리 정도이기 때문이다. 이제까지 살펴본 위화도 인근의 지명을 위화도 추정 지역과 함께 나타내면 다음과 같다.

▲ 위화도와 주변 지역

6장

위화도를 찾아서

송골산과 그 주변

위화도 가는 길

마침내 위화도에 서다

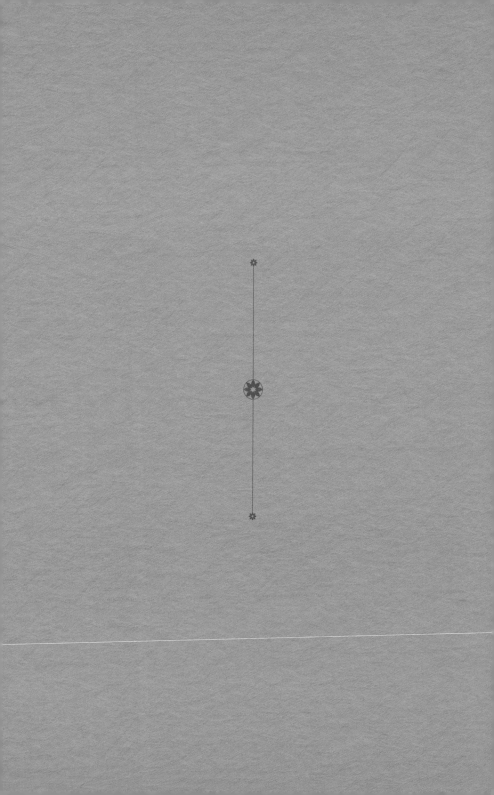

현재의 위화도가 사서의 기록과는 맞지 않는 많은 문제점이 있다는 것을 알고 새롭게 위화도의 위치를 살펴보았다. 그렇다면 새롭게 추정한 위화도가 역사적인 장소가 맞는지 현장에서 직접 점검해 볼 필요가 있다. 역사지리를 새롭게 비정하기 위해서는 현장 확인이 중요하다. 사서에 지리와 관련한 설명이 나오기는 하지만 자세하지는 않기 때문이다.

현장 검증은 사서 기록의 행간과 역사적 사건들의 전개 과정을 살펴보는 데 있어서도 반드시 필요한 작업이다. 해당 현장을 직접 살펴보면 언제나 적실(的實)한 사항들이 새롭게 발견되기 때문이다. 이는 책이나 지도만으로 판단하는 데에서 오는 착오를 줄여 줄 뿐만 아니라 지리적 이해를 바탕으로 한 새로운 시각의 형성에도 중요하다. 역사지리를 연구함에 있어서 현장 답사가 반드시 필요한 이유다.

그렇다면 현장에서는 무엇을 새롭게 확인할 수 있을까? 위화도로 비정되는 '관전만족자치현 서점자'와 그 인근 지역으로 떠나 보자.

송골산과 그 주변

앞서 송골산은 현재의 오룡산임을 확인하였다. 오룡산은 기암(奇巖)이 층층이 연결된 산으로 단동 지역의 명산이다. 옛 사람들은 길을 만들 때 험준한 산이나 강이 나오면 그곳을 돌아서 갔다. 바위로 된 산이나 폭이 넓은 강은 더욱 그러하였다. 이 산의 동북쪽 방향 끄트머리에는 국도와 고속도로가 지나간다. 그런데 이곳에 국도와 고속도로를 연결하는 톨게이트가 있다. 이 톨게이트를 기준으로 산세는 극명하게 바뀐다. 기암괴석을 자랑하며 웅장하게 달려온 오룡산이 이곳에서 멈춰버렸다. 반면에 나직한 구릉 같은 산들이 길게 펼쳐져 있다.

▲ 북쪽에서 바라본 오공산(오른쪽)과 동북쪽 지형

▲ 오룡산에서 본 동북 방향의 낮은 지형

사서에 기록된 송골산에서의 위화도 지형을 보면 "동북쪽 모퉁이에서 삼식(三息)경 남짓한 도정(途程)으로서 길이 평탄"하다고 하였다. 위화도 추정 지역은 이곳에서 동북쪽 방향으로 201번 국도를 따라가면 약 50㎞ 지점에 있다. 현장에서 사서의 기록을 확인한 결과, 오룡산 톨게이트를 기준으로 적실하게 맞아 떨어짐을 알 수 있다.

한편, 실록에 보면 중국인들이 국경인 애하를 넘어 마이산(馬耳山) 인근 지역에까지 와서 농사를 짓자, 이를 금지하기 위해 요동에 자문(咨文)을 보내고 법령에 따라 중국인들의 경작을 금지하였다.

① 요동의 군민(軍民) 유상덕 등이 다시 조산평(造山坪)에 와서 농사를 지으므로, 요동도사에게 이자(移咨)하여 금지시킬 것을 거듭 밝히고, 마이산(馬耳山) 아래 첫 번째 통구(通溝)에 비를 세웠다.[111]

② 의주 강변에 있는 위화도에 마이산(馬耳山)에서 이주해 온 중국인들이 농사를 짓고 있으므로 역관을 보내 요진순안사(遼鎭巡按使)에게 이에 대해 따지게 하고 경작을 금한다는 팻말을 세우고 법령대로 몰아내게 하였다.[112]

명이 봉황성에 이어 탕참과 파사부를 설치하며 조선의 경계로 들어오자, 중국인들은 이를 기회로 삼아 국경 지대를 넘어와 조선 땅에서 야금야금 농사를 지었다. 〈사료 ①〉을 보면, 중국인들이 애하를 넘어 조산평까지 이르자 요동도사에게 금지시켜 달라는 공문과 함께 마이산 아래 강가에 월경 및 농경을 금지하는 비를 세웠다. 하지만 중국인들은 이를 무시하고 계속 월경하여 아예 마이산에 거주하며 농사를 짓고 있는 상황임을 알 수 있다.

〈사료 ②〉에서는 이러한 중국인들이 한술 더 떠 아예 위화도까지 와서 농사를 짓고 있자, 조선의 조정에서는 역관으로 하여금 요진순안사에게 이러한 사실을 따지게 하고 '경작 금지' 법령을 들어 중국인들을 위화도에서 몰아내도록 하였다는 내용이다.

그렇다면 〈사료 ①, ②〉에 나오는 마이산은 어디인가? 일단 당시 압록강인 애하를 넘어온 것이니 애하의 동쪽에 있음이 분명하다. 이 지역에는 현재 호산(虎山)이 있고 학계에서 고구려 박작성(泊灼城)에 비정하고 있는 호산산성이 있다. 바로 이 호산이 마이산일 가능성이 높다. 호산장성에서 동북쪽 방향으로 현도(縣道)를 따라 호산진(虎山鎭)으로 가다 보면 호산이 나온다. 호산 고개에 이르니 호산을 소개하는 석비(石碑)가 보인다. 차에서 내려 내용을 살펴보니 다음과 같이 설명하고 있다.

'호산(虎山)의 원래 이름은 마이산(馬耳山)이다. 이는 두 개의 봉우리가 나란히 있기 때문인데, 호랑이 귀처럼 보이기도 하여서 호이산(虎耳山)이라고도 하였다. 청나라 때에 호산으로 발전하였다. 관전이 해방

된 1947년에는 호산구(虎山區)가 설치되었고, 1958년에는 인민공사가 설립되어 행정과 사회의 통합을 실현하였다. 1983년에는 다시 호산향(虎山鄉)으로 불렸고, 1985년에는 호산만족자치향(虎山滿族自治鄉)으로 개명되었다. 1998년 10월에 성 정부(省政府)의 인가를 받아서 향을 폐지하고 진을 설치하였는데, 이때 호산진(虎山鎮)으로 개칭되었다.'

바로 이 호산이 실록에 보이는 '마이산'인 것이다. 산의 형상이 말의 귀처럼 생겨서 원래 마이산으로 불렀는데, 한편으로 보면 호랑이의 귀와도 비슷하여 호이산(虎耳山)으로도 불리었고, 오랜 세월이 지나 오늘날에는 '호랑이산'으로 부르고 있다는 것이다.

현재의 호산이 실록에 기록된 마이산이라는 것은, 당시 중국인들이 조선과의 경계인 애하를 건너 이곳까지 와서 상주하며 농사를 지었던 것임도 확인이 되는 것이다. 중국인들은 자국으로 철수하지 않고 조선의 땅인 이곳에서 불법으로 농사를 짓다가, 자국 정부가 현재의 관전현에 파사부를 설치하자 거리낌 없이 검동도와 위화도까지 이주하여 농사를 지었던 것이다. 조선 시대 마이산이었던 이곳 호산에서 위화도 추정 지역인 서점자까지는 약 40㎞ 정도의 거리다. 건국 때부터 사대주의로 일관해 온 조선의 미온적인 국경 대응 결과는 뻔한 것이었다. 그것은 연산관에서 봉황성, 봉황성에서 탕참으로의 영토 축소에 이어 또다시 평안도의 비옥한 땅 100리를 눈뜨고 빼앗기는 결과를 초래하고 만 것이다.

▲ 호산진으로 가는 현도(縣道)에 있는 호산 고개

▲ 호산이 마이산임을 알려 주는 설명비

▲ 연산관 입구

▲ 봉황성 입구

위화도 가는 길

호산진(虎山鎭)에서 201번 국도를 따라 위화도 추정 지역인 서점자(徐店子)를 가다 보면 네 개의 고개(嶺)가 나온다. 마의령(螞蟻嶺), 토문령(土門嶺), 차도령(車道嶺) 및 영빈령(迎賓嶺) 순이다.

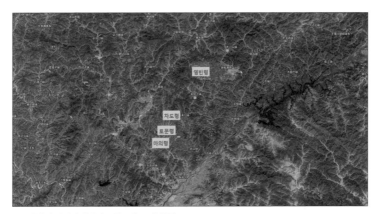

▲ 호산에서 서점자까지의 교통로와 고개 위치

▲ 검동도 추정 지역에 있는 영빈령

영빈령을 끝으로 관전현 시내까지는 더 이상의 고개가 없다. 영빈령이 마지막 고개인 셈이다. 그런데 영빈령이 위치한 곳이 앞의 지도(116쪽)에서 살펴본 검동도로 추정되는 지역이다. 검동도 역시 위화도 못지않게 중요한 곳이었다. '모든 강을 건너는 사람들이 반드시 이 섬의 북쪽을 거치는데, 이는 서울로 가는 사신이 입조(入朝)하는 길'이었기 때문이다.

평안도 의주는 중국과 경계를 맞닿고 있는 지역이어서 조선에서 중국으로 가는 사신이나, 중국에서 조선으로 오는 사신이 오가는 길목이었다. 특히, 조선은 상국(上國)인 명나라에서 사신이 올 때면 덕망 있는 2품관 중에서 원접사(遠接使)를 뽑아 사신을 맞이하였고, 2, 3품의 당상관(堂上官) 중에서 선위사(宣慰使)를 뽑아 중국 사신을 영접하고 연회를 베풀었다. 중국으로 가는 사신들은 의주성에서 마지막 점검을 마치고 검동도를 거쳐서 요동으로 나갔다.

마찬가지로 중국에서 오는 사신들도 이곳을 지나서 의주로 왔다. 검동도는 의주성과 중국을 잇는 국로(國路)가 지나가는 곳이었던 것이다. 이 길을 통해 중국으로 가는 사신들을 배웅하고 중국에서 오는 사신들을 영접하였던 것인데, 그 장소가 지금도 '영빈령'으로 남아 있는 것이다. 영빈령이 있는 섬이 곧 검동도이고, 검동도와 강 하나를 사이에 두고 있는 것이 위화도이니, 이를 통해서도 현재의 '서점자' 지역이 역사적 현장의 위화도일 가능성이 매우 높음을 알 수 있다.

대천과 수구, 포석하

관전현에서 201번 국도를 따라 약 10㎞ 정도 달리면 대천두진(大川頭鎭)에 도착하기 전에 곽가보자(郭家堡子)가 나온다. 대천두진은 산으로 둘러싸인 마을이다. 이곳의 물길은 계곡을 따라 세 갈래로 나뉘는데, 이 세 갈래의 물길이 모두 모이는 곳이 '곽가보자(郭家堡子)'이다. 이곳에서 능성이를 하나 넘어가면 대천두진이 있다.

▲ 대천두진 입구(위)와 마을 앞에서 위화도로 흐르는 대천의 모습(아래)

아래 지도에서 알 수 있듯이 대천두진의 곽가보자에서 합쳐진 세 갈래의 물줄기는 현재 포석하(蒲石河)로 불린다. 이 강줄기가 동남쪽으로 흘러 검동도와 위화도를 지나는데, 『신증동국여지승람』에서 위화도를 설명하며 말한 '굴포(掘浦)'는 바로 포석하를 말하는 것이다. 포석하는 위화도를 거쳐 동남쪽으로 흘러 압록강의 본류에 합쳐지고, 다시 서쪽으로 흘러가다가 적강으로 불렸던 애하를 만나 함께 바다로 들어간다.

▲ 대천두진 부근의 물길 흐름

이제 위화도의 아래쪽에 있는 대수구촌(大水溝村)을 살펴보도록 한다. 아래 지도는 대수구촌 부근의 산세와 물길의 흐름을 나타낸 것이다. 지도에서 보는 것처럼 대천두진 부근에서 만들어진 세 갈래의 물길이 하나로 모여 검동도까지 흘러오고, 동북쪽에서 흘러온 또 다른 물길113과 합쳐져 위화도를 굽이 돌아서 더 큰 물길이 된다. 위화도와 검동도를 굽이 돈 세 갈래의 물길은 대수구촌에 이르러 다시 하나로 합쳐져 압록강 본류로 흘러가고 있다.

위화도와 검동도 지역을 흐르는 강인 포석하(蒲石河)는 강의 이름에서 '부들'과 '돌'이 많음을 알 수 있다. 이름에 맞게 그러한가? 현지에서 포석하를 확인한 결과도 마찬가지였다. 강줄기에는 바위 같이 큰 돌들이 많았고, 평탄한 줄기에는 냇가처럼 흐르는 강물 사이로 자갈들이 강바닥을 메우고 있었다. 강변에는 갈대와 풀들도 무성하였다. 이를 통해

▲ 대수구촌 부근의 물길 흐름

볼 때, 포석하가 평상시에는 물이 많이 흐르지 않는 강임을 알 수 있다. 즉, 사서에도 기록되어 있듯이 건천(乾川)인 경우가 많은 강인 것이다. 이러한 강의 특징상 위화도는 개간하지 않으면 갈대밭이 무성한 사냥터[114]로 변하였던 것이다.

▲ 포석하의 자갈밭과 부들

이상으로 실록에 보이는 지명인 대천과 수구의 위치에 대해 추적해 보았다. 아울러, 이곳을 흐르는 포석하에 대하여도 평상시에는 건천이 됨을 현장에서 직접 확인하였다. 이처럼 지명이 위치하는 곳과 현장의 지형을 확인해 보니 앞서 살펴본 사서의 내용은 물론이고, 지명의 의미와도 일치됨을 알 수 있었다. 따라서 위화도 주변의 지명과 지형이 적실하게 맞는다는 것은 '서점자' 지역이 위화도였음을 더욱 강하게 입증하는 것이라고 할 수 있겠다.

파사부

조선의 사신들이 중국의 북경을 가기 위해서는 동팔참(東八站)을 지나야 한다. 동팔참은 의주를 출발하여 요양까지 설치된 8개의 역참(驛站)을 말하는 것인데, 의주로부터 진강성(鎭江城), 탕참(湯站), 봉황성(鳳凰城) 등으로 이어진다. 조선은 초기에 명의 수도로 가는 동팔참이 여진인들의 약탈과 점거로 사신을 보내는 데 어려움이 있다면서 사행로의 변경을 요청하였다. 하지만 명은 조선의 요청을 받아들이지 않았다.

대신 조선에서 오는 부경사신(赴京使臣)들의 고충을 해결해 준다는 명분 아래 연산관을 위시한 동팔참에 군사를 주둔시키기 시작하였다. 이는 결국 명나라가 동팔참의 영역을 차지하려는 계책이었던 것이다. 아래의 사료들은 이러한 사실들을 잘 보여 주고 있다.

① 무릇 개주(開州)는 의주에서 1백여 리 밖에 떨어져 있지 않고 평안도의 피폐가 다른 도에 비할 바가 아닌데, 명나라측이 부역을 감면하고 여러 가지 방법으로 백성들을 초치할 경우 괴로움을 피하고 편안함을 따름은 사람의 공통된 심정이니, 압록강의 물

이 얼 때 백성들이 옮겨 가는 것을 어떻게 금하겠는가. 국가에서 이에 대한 계책을 우선 세우지 않을 수 없다.[115]

② 지금 중국은 천하가 부성(富盛)해서 천하의 땅을 소유하고 있는데도 요양으로부터 긴 담[長墻]을 쌓고, 이미 애양보(靉陽堡)를 설치하였으며, 또 개주에 성을 쌓고, 점차 탕참에 성을 쌓고, 파사보(婆娑堡)에 성을 쌓았으니, 슬기로운 사람을 기다리지 않고서도 알 수 있다.[116]

③ 중국에서 처음에 애양보를 설치했고, 다음에 봉황성(鳳凰城)을 설치했으며, 지금 또 탕참을 설치했는데 의주와 거리가 겨우 반나절 길이다. 중국에서는 비록 조선의 공물 바치는 길을 위한 것이라고 공공연하게 말하고 있지마는, 실상은 팔참(八帖)을 내지(內地)로 만들어 토지를 개척하기 위한 계책이다.[117]

조선은 초기에 위화도를 비롯한 서북 변방 지역의 경작과 운영에 힘썼다. 세종 시기의 북방 개척은 이러한 정책이 반영된 것이었다. 그러나 이후 북방 정책은 실효를 거두지 못하고 만다. 〈사료 ①〉에서 보듯이 평안도로 이주한 농민들은 과중한 조세와 부역을 피해, 그보다 훨씬 유리한 요동 지역으로 이탈하는 경우가 많았다. 그 결과 조선의 서북방 지역은 한적한 변방이 되었고, 〈사료 ②〉와 〈사료 ③〉에서 알 수 있듯이 명은 그 틈을 노려 애양보, 탕참, 파사보를 설치하며 자국의 농민들을 대거 이동시킴으로써 동팔참으로 불리던 조선의 변방을 차지한 것이다.

명이 파사부를 설치한 곳은 현재의 '관전만족자치현'이다. 성보(城堡)의 남문 터가 지금도 관전현 시내 중심가에 남아 있다. 또한, 남문 터 뒤쪽 거리에는 동서로 길게 이어진 '파사부 거리(婆娑府街)'가 있다. 이 거리는 현재도 관전현공안국, 관전현박물관 등 주요 공공시설이 들어서 있는 관전현의 중심가이다.

▲ 관전현 중심가의 파사부 거리

▲ 관전현 중심가에 있는 파사보 남문터

▲ 명대의 파사부 남문터(관전현박물관)

마침내 위화도에 서다

이제 위화도로 추정하는 서점자(徐店子)로 향한다. 서점자로 향하는 내내 심장이 두근거린다. 그동안 잘못 알았던 위화도가 오늘 제대로 밝혀질 수 있을 것인가. 최대한 마음을 진정시키며 현장에 도착하였다. 사서에 기록된 위화도 내용을 다시 한번 점검해 본다. 그리고 서점자의 지형을 기록과 대조하며 꼼꼼히 살펴본다.

① 태조(太祖)가 위화도에 군사를 머무르고 있을 때, 여러 날 장마가 져도 물이 붇지 않다가, 군사를 돌리어 언덕에 오르자 큰물이 갑자기 불어서 온 곳이 잠겼다.[118]

② (위화도는) 다만 날씨가 가물면 걸어서 건너갈 수 있는 곳인데, 그 거리는 겨우 7, 80보(步)이다.[119]

③ 임금이 말하길, "위화도는 이미 비(碑)를 세울 곳이 아니다. 그리고 태조봉(太祖峰)과 회군천(回軍川)은 모두 비를 세우기가 어렵고, 익원당(翊原堂)은 그 장소를 적실히 알지 못하니, 본도(本道) 감사(監司)로 하여금 다시 살펴서 보고하게 하라."고 하였다.[120]

위화도는 비가 오지 않을 경우에는 물이 많이 흐르지 않아서 사람들이 걸어서 건너갈 수 있었다. 〈사료 ②〉를 보면 강폭의 넓이는 7, 80보[121]라고 하였으니 대략 140~160미터 가량이다. 서점자에는 강줄기가 휘돌아 흐르는데 강폭이 상당히 넓었다. 저자가 처음 서점자를 답사한 때는 겨울이었다. 사서의 내용처럼 걸어서 충분히 강을 건너갈 수 있었다. 또한, 건기인 때를 이용하여 준설 공사가 한창이었는데, 준설로 강폭이 넓어질 수 있지만 강 위에 놓인 다리는 150여 미터 정도였다.

서점자는 매우 넓은 땅이다. 강물이 굽이돌고, 언덕과 밭이 있고, 야산 지대 및 우뚝 솟은 남산(南山)도 있다. 둘레가 7, 80리, 길이가 19리에 너비는 8, 9리에 이른다는 사서의 기록들을 충족함을 알 수 있다. 이성계가 이끄는 5만여 명의 대군이 주둔하기에도 충분한 넓이다. 이러한 서점자의 지형에는 〈사료 ①〉에 보이는 '언덕'도 있고, 〈사료 ③〉에서 '태조봉'이라고 지칭하였음직한 '남산'이라는 산도 있다. 특히, 〈사료 ①〉에 "이성계가 군사를 돌려 언덕에 오르자 이내 큰물이 불어나 잠겼다"는 내용은 군사들을 강변에 주둔시켰다가 장마로 강물이 넘쳐나자

언덕으로 대피시킨 것이다. 이렇게 서점자의 현장을 답사하니 사서의
모든 기록들과 빠짐없이 차곡차곡 부합됨을 알 수 있다.

▼ 서점자와 검동도 사이를 흐르는 압록강 지류의 강폭

▼ 위화도 들녘에 우뚝 솟아 있는 봉우리. 실록에 기록된 태조봉으로 보인다.

아래 지도는 이 지역의 산세를 살펴볼 수 있는 등고선지도다. 그런데 이 지도를 보면 위화도 추정 지역은 강변의 땅만이 아니라 안쪽 부분까지 넓게 등고선 표시가 없다. 즉, 산이 적은 지역으로 대군이 주둔하기에 적당한 곳이었던 것이다. 지도를 통해서도 이성계의 요동 정벌군이 이곳에서 주둔하였다가, 큰비에 언덕으로 대피할 수 있었음을 어렵지 않게 유추할 수 있다. 또한, 위화도의 둘레가 두 배로 넓어진 것도 이해가 된다. 즉, 초기에는 강변의 땅만 경작하였지만 시간이 지남에 따라 비교적 평평한 구릉지까지 개간하여 농사를 지었던 것이다.

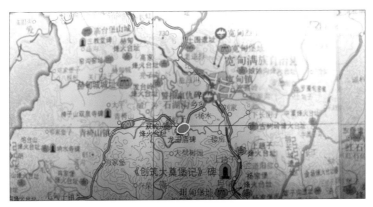

▲ 위화도 지역의 등고선지도. 강변의 평야임을 쉽게 알 수 있다.

　　이상으로 저자는 여러 사서에서 보이는 위화도와 관련된 기록들을 검토하고 현장 검증을 거쳐서, 포석하가 압록강으로 흘러가는 '중국 요녕성 관전만족자치현 서점자'를 위화도로 새롭게 비정하였다. 이는 이미 살펴본 바와 같이 위화도 회군이 일어난 역사적인 장소로서 매우 적실한 곳이다. 현재의 위화도는 중국 단동시 압록강 가운데에 있는 땅이다. 이곳은 하나의 강줄기가 섬을 가운데에 두고 갈라질지언정 두 개의 강줄기가 휘돌아 흐르는 곳이 아니다. 섬의 형태도 토사층으로 이루어진 평평한 땅이다. 언덕은 물론 산봉우리도 없다. 사서에 기록된 위화도와는 무엇 하나 일치하는 것이 없다. 그럼에도 불구하고 지난 110여 년간 위화도로 인정되어 왔던 것이다.

그렇다면 현재 우리가 알고 있는 위화도는 어떻게 생겨난 것일까? 이러한 위화도가 생겨나게 된 과정을 정리하면 다음과 같다.

첫째, 17세기 중반, 청나라의 간도 지역 봉금(封禁)조치와 함께 조선은 평안도 거주자들의 불법적인 월경을 막기 위하여 평안도의 변방 지역을 비워 두는 공한지 정책을 펼쳤다. 그 결과 변방 지역에 있었던 행정치소들을 서서히 압록강 이동(以東) 지역으로 옮겨 놓았다.

둘째, 이 과정에서 조선 시대의 지도 제작자들은 위화도가 섬이라는 생각만으로 압록강 가운데 아무 곳에나 하중도를 그려 넣어 새로운 위화도를 만들었다.

셋째, 대일항쟁기 일본 학자들은 이를 빌미로 반도 사관을 정립한 『조선사』를 편찬하였고, 이후 우리의 검·인정 교과서는 『조선사』의 내용을 그대로 받아들여 현재까지 사용해 오고 있는 것이다.

즉, 우리가 교과서에서 배워 온 위화도는 이러한 과정을 거치며 조작된 '가짜 위화도'인 것이다. 이제 가짜 위화도가 어떻게 조작되어 110년간 진짜 행세를 하였는지 그 전말을 파헤친다.

▲ 새롭게 비정한 위화도의 위치

7장

가짜 위화도의 탄생

조선의 사신로 변경 요청과 그 결과

청의 봉금 정책과 조선의 조치

조선이 그린 위화도

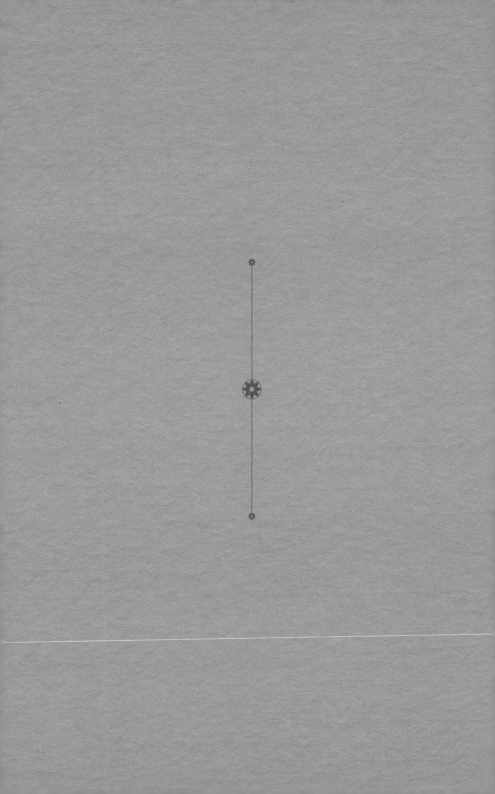

조선의 사신로 변경 요청과 그 결과

　　고려를 뒤엎고 조선을 건국한 이성계는 무엇보다 명나라로부터 정통성을 인정받는 것이 급선무였다. 그것만이 조선과 백성을 다스리는 데 최고의 통치 권력이 될 수 있기 때문이다. 이성계의 속셈을 간파한 명은 고명과 인장을 빌미로 이성계 일파를 철저하게 눌렀다. 고려의 우왕과 최영처럼 요동 정벌을 획책하는 일이 다시는 일어나지 않도록 고삐를 단단히 조일 필요가 있었다. 다급해진 이성계는 자자손손 충성과 사대를 맹세하며 명의 눈치만 보기에 급급하였다.[122]

　　조선은 이성계의 위화도 회군으로부터 시작되었기에 고려의 철령 지역 대부분을 명에 넘겨주었다.[123] 그러하매 고려로부터 이어받은 조선의 강역(疆域)을 정함에 있어서도 명의 주원장이 정하는 대로 굴종할 수밖에 없었다. 조선의 강역보다 더 중요하고 시급한 것이 명으로부터 이성계 자신의 권위를 인정받는 일이었기 때문이다.

"요동(遼東)의 동쪽 1백 80리는 연산(連山)을 경계로 하여 파절(把截)을 삼았으니, 성인(聖人)께서 만 리를 헤아려 밝게 보시는데 어찌 토지가 비옥하여 가축을 기르거나 사냥하는 데 편리하다는 것을 모르고서 수백 리의 땅을 버려 그 곳을 비게 하였겠습니까? 진실로 동교(東郊)의 땅은 삼한(三韓)에서 대대로 지키어 양국의 강역을 서로 섞일 수 없게 하였으니, 만약 혹 서로 섞인다면 흔단이 일어나기 쉽기 때문입니다. … (중략) … 연산 파절(連山把截)은 고황제(高皇帝)가 정한 바이므로 양국의 봉강(封疆)은 서로 어지럽힐 수 없습니다."[124]

이성계는 고려의 땅이었던 철령의 동·서·북쪽을 명에 내어 주며 조선의 왕이 되었다. 명과의 국경을 정함에 있어서도 주원장의 지시를 그대로 따랐다. 그리하여 조선 건국 시기 명과의 경계는 현재의 요동반도 중심을 가로지르는 천산산맥의 연산관(連山關)을 국경으로 정하였다. 하지만 명과의 국경은 여기서 멈추지 않았다. 명의 조선 영토 침탈은 조선 시대 내내 집요하게 일어났다. 이러한 명의 조선 영토 침탈은 이미 오래 전에 기획된 것이었다.

(명나라) 황제가 말하기를, 대개 내가 말한 요지는 그대들이 지극 정성으로 하라는 것이다. 그대들 나라에도 어찌 현인과 군자가 없겠는가? 반드시 내가 말한 뜻을 알 것이다. … (중략) … 만약 내가 그대들을 정벌하게 된다면, 되는대로 가지 않고 일정한 거리마다 성곽을 축조

해 가면서 천천히 쳐들어갈 것이다.[125]

이 말은 주원장이 북원(北元)의 납합출을 무찌르고 요동 공략을 완수한 후, 이 지역을 차지하기 위하여 고려 우왕에게 경고한 것이다. 주원장의 이 말은 명 황제들에게 유훈(遺訓)으로 전해지며, 조선 시대 내내 조선의 영토를 강탈하는 지침으로 여겨졌다. 그 대표적인 사건이 조선에서 요청한 사신로 변경에 대한 명의 조치다.

"이보다 앞서 본국의 사신이 동팔참(東八站)의 한 길을 내왕했는데, 예전부터 산은 높고 물은 깊었으며, 물줄기 하나는 활처럼 굽었으므로 무릇 8, 9차례나 건너게 되었습니다. 여름철 장마에는 물이 창일하는데 본래부터 배가 없으며, 겨울철에는 얼음이 미끄럽고 눈이 깊어서 사람과 말이 넘어져 죽는 것이 많이 있습니다. 또 개주(開州) 용봉참(龍鳳站) 등은 사람들이 살지 않고 풀과 나무만 무성하고 빽빽하였는데, 근년 이후에는 사나운 범이 자주 나와서 나쁜 짓을 하므로, 왕래하는 사람과 말이 실로 고생이 많습니다. 요동이 관할하는 연산 파절(連山把截)의 남쪽에 길 하나가 있어서, 자유채 파절(刺楡寨把截)을 경유하여 도사(都司)에 이르게 되는데 인민이 흩어져 살고 또 산과 물의 험준함이 없으니, 이 사실을 전달하여 자유채(刺楡寨) 한 길로 왕래하여 서로 응하기를 바랍니다."[126]

조선 세종 때인 1436년 12월. 명으로 가는 사신로인 동팔참[127]이 길도 험하고 파저강과 가까워 여진의 공격이 잦자 이에 대한 조치가 필요하였다. 그런데 이는 군사적인 물리력을 행사해야 하는 것으로, 시일이 걸리는 사안이라 안전한 사신로를 구축할 때까지 임시적으로 운영할 사신로가 필요하였다. 이에 세종은 연산관의 남쪽에 있는 자유채 길을 사신로로 허용해 달라고 명에 요청하였다.

▲ 압록강을 건너 요동에 이르는 동팔참 노선도[128]

명은 조선의 요청에 곧바로 답하지 않았다. 요양에 있는 요동도사(遼東都司)에서 북경과 연락을 주고받는 시간, 조선에서 요청한 것이 사실인지에 대한 현지 조사, 자유채로의 조정에 대한 조사 등등이 이유였다. 조선은 급한 사안이었지만 명은 우선적으로 처리해야 할 사안이 아니었다. 조선의 요청은 계속되었다. 목표 달성을 위한 요청이 계속될수록 양보해야 할 것들도 늘어나기 마련이다. 세종 때 요청한 사신로 변경에 대한 명의 답변은 문종과 단종을 거쳐, 세조 때인 1460년 8월 26일에 도착하였다. 실로 24년이 걸린 것이다. 그런데 명으로부터 도착한 답변은 황당하고도 어이가 없는 통보였다.

"(조선이 자유채를 개통해 달라고 청한 것에 대하여) 특별히 요동 진수(遼東鎭守)와 총병(總兵) 등의 관리에게 내려서 그 가부를 의논하여 마감하게 하였더니, 이에 회주(回奏)하기를 자유채(刺楡寨) 지방은 산이 험하고 나무가 빽빽하며 사는 백성들도 매우 드무니 왕래하기에 합당하지 않습니다. 그 동팔참(東八站) 지방은 길이 평탄하고 다니는 데 익숙하고, 겸하여 모련위(毛憐衛) 등지와도 거리가 멀리 떨어져 왕래하는 데 방애(防礙)됨이 없을 것입니다. 다만 연산관(連山關) 밖을 보면, 내봉(來鳳)이 그 중간 정도 가는 것이니, 마땅히 성보(城堡) 한 좌(座)를 쌓아서 군관(軍官)을 보내어 지키게 하다가 왕래하는 사신(使臣)을 호송(護送)하게 하소서.' 하였다. 이미 요동도사(遼東都司)에 명령하여 적당히 헤아려서 이를 쌓도록 하였으니, 왕의 사신이 왕래하면 방호(防護)

하는 사람이 있을 것이므로 걱정할 것이 없다. … (중략) … 만약 갑자기 도로를 바꾼다면 이것은 스스로 겁약(怯弱)함을 보여서 오히려 저 무리들의 업신여김을 당하지 않겠는가? 왕은 옛 법규(法規)를 그대로 따르고, 혹시라도 지나치게 의심하거나 염려하여 사체(事體)에 어그러지게 하지 말라."[129]

　사신로를 자유채로 변경하는 것은 적들에게 나약한 모습을 보여주는 것밖에는 되지 않는 일이니, 이참에 명에서 군사를 보내어 성보(城堡)를 구축하고 조선의 사신을 보호해 주겠다는 것이다. 그것도 조선의 허락도 묻지 않고 멋대로 성보를 쌓고 통보만 한 것이다. 명이 성보를 쌓은 곳은 현재의 봉황산이 있는 중국 요녕성 봉성시로, 국경인 연산관에서 조선의 강역으로 180리 들어온 곳이다. 조선은 편안한 사신로를 요청하였는데 돌아온 결과는 조선의 영토에 성보를 쌓고 호위하겠다는 것이었으니, 말 한마디 꺼냈다가 호되게 뺨을 맞고 영토만 내어 주는 꼴이 되고 말았다.

　명으로부터 황당한 통보를 받은 조선은 당황스러웠다. 대신들이 모여 사신로 변경을 없던 일로 하자는 논의를 하였다. 하지만 이 또한 상국을 욕보이는 일이라며 명의 통보를 따르는 것으로 결론이 났다. 나아가 명의 이러한 조치에 대하여 감사함을 표시하는 사신을 보냈다.[130] 명의 조선 영토 침탈에 대한 야욕은 그 뒤로도 멈추지 않았다. 조선의 변방에 거주하는 야인(여진족)들과의 마찰을 차단하고 보호한다는 핑계로 애양보와 탕참을 설치하며 드디어 의주의 코앞까지 이르렀다.

"요동(遼東) 등지는 원래 고구려의 땅이었으므로 압록강에서 요하까지 거주하는 사람이 모두 우리나라 사람입니다. 고황제(高皇帝;명태조)가 처음 천하를 평정하고 압록강으로 국경을 삼았지만, 두 나라 인민들이 서로 왕래할 것을 생각하여, 동녕위(東寧衛)를 설치해서 원나라 때의 주민을 살게 하고 땅의 경계를 확실하게 한정하여 두었던 것입니다. 그 뒤 요양(遼陽)의 인구가 점점 불어나, 동팔참에 흩어져 살며 농사를 지으므로 자주 야인(野人)들의 침략을 입었습니다. 중국에서 처음에 애양보(靉陽堡)를 설치했고, 다음에 봉황성(鳳凰城)을 설치했으며, 지금 또 탕참(湯站)을 설치했는데 의주와의 거리가 겨우 반나절 길이니, 중국에서는 비록 조선의 공물(貢物) 바치는 길을 위한 것이라고 공공연하게 말하고 있지만 실상은 팔참(八站)을 저들의 땅으로 만들어 토지를 개척하기 위한 계책입니다."[131]

조선은 명의 영토 침탈 사태가 심대한 지경에 이르렀음을 알았다. 하지만 그뿐. 이와 관련하여 어떤 사항도 명에게 항의하지 못하였다. 오히려 압록강과 두만강 밖의 땅을 포기하고 두 강을 경계로 정하자는 주장만 하였다.[132]

조선은 어째서 스스로 영토를 포기하는 나라가 되었는가? 이는 이성계가 위화도에서 회군할 때 내세운 4불가론에서 이미 시작된 것이다.[133] 그리하여 명이 조선의 영토를 침탈하여도 상국(上國)이자 사대(事大)를 맹세한 조선은 명에게 대항하지 않았던 것이다. 명 태조 주원장의 유훈이 야금야금 조선의 영토를 침탈하는 것이었던 반면, 조선 태조 이성계의 유훈은 대대손손 상국에 대한 사대와 굴종이었기 때문이다. 나라의 기틀을 세운 두 건국자의 정치력이 이토록 엄청난 차이를 가져온 것이다.

청의 봉금 정책과 조선의 조치

명의 뒤를 이은 청은 조선의 강역을 더욱 침탈하였다. 조선에게 있어서 자자손손 사대를 맹세한 명의 멸망은 충격 그 자체였다. 대명사대주의의 굳건한 뿌리가 일순간에 사라져 버렸기 때문이다. 조선은 명의 멸망에 따른 중화(中華)의 종말을 인정할 수 없었다. 더욱이 수백 년간 변방의 오랑캐로 살던 야인(野人)이 나라를 건국한 것에 대한 충격은 믿을 수 없는 것이었다. 하지만 이는 엄연한 현실이었고 청의 요구는 냉혹하였다. 이미 두 번의 호란(胡亂)으로 혼쭐이 난 조선은 오랑캐라고 멸시는 할지언정 저항할 수 없었다.

중화의 멸망은 곧 조선이 중화를 잇는다는 소중화(小中華) 사상으로 발전하였다. 그리하여 냉혹하고 엄연한 현실은 무시한 채 '오랑캐는 백 년이 못 되어 멸망한다.'는 논리에 빠졌다. 급기야 청이 멸망하면 그들의 본거지인 영고탑(寧古塔)으로 돌아갈 것[134]인데 이때를 대비하여야 한다는 논의가 숙종 때부터 백 년간이나 이어졌다.[135] 하지만 논의만 구구할 뿐 결론은 하나도 정해진 것이 없었다. 조선이 이처럼 비현실적인 논의와 안이한 태도로 일관할 때, 청은 더욱 강고한 권력으로 조선을 압박하였다.

청나라 사람이 봉황성 책문(鳳凰城柵門)을 20여 리(里) 밖으로 물려 세웠는데, 대개 그 땅이 기름져서 경작할 만하였기 때문이다. 원접사(遠接使) 유명천(柳命天)이 통관(通官)을 통해서 이를 듣고 장계(狀啓)로 급히 아뢰었다.[136]

청의 강희제는 명이 연산관에서 봉황성까지 침탈한 조선의 영토를 다시 20여리 확장하였다. 경작하기에 좋은 옥토가 있었기 때문이다. 조선은 월경(越境)과 추쇄(推刷) 등 국경 문제 발생을 꺼려하여 명대(明代)부터 국경 지대를 비우는 공한지 정책을 폈다. 이는 청대에도 그대로 지속되었고 그때마다 연암 박지원이 통탄했듯이, 조선의 강토는 싸우지도 않고 저절로 줄어들었다.[137]

청의 본격적인 조선 영토 침탈은 강희제의 장백산 일대 측량과 이를 통한 양국의 경계를 정한 정계비(定界碑)의 설치로 본격화되었다.[138] 더 나아가 청은 자신들의 발상지인 장백산 일대를 보호한다는 명분으로 만주 지역을 봉금 조치 하기에 이르렀다. 청은 이를 위하여 명이 쌓았던 동조변장(東條邊墻)에서 20리를 더 나아가 유조변장(柳條邊墻)

을 건설하였다. 이 변장은 현재의 동북 3성인 요녕성·길림성·흑룡강성에 걸쳐서 축조되었다. 청의 만주 지역 봉금 정책은 이들의 경제적 기반인 인삼(人蔘)과 동주(東珠), 담비 등의 자원을 지키기 위한 것이었다.

청의 봉금 정책이 선포되자 힘없는 조선은 두 강의 바깥에 위치한 평안도와 함경도의 주민들을 안쪽으로 이동시킬 수밖에 없었다. 이는 한편으로 이미 조선이 자체적으로 시행하던 국경 지대의 공한지 정책을 더욱 편하게 수행할 수 있는 명분이 되기도 하였다. 이에 조선의 행정력은 압록강 안쪽으로 축소될 수밖에 없었고, 지명들도 자연스럽게 강의 안쪽으로 이동하게 되었다. 이처럼 조선의 강역에서 벌어진 지명 이동은 이제까지 살펴본 위화도와 의주의 위치를 비정하는 과정에서 충분히 확인할 수 있다.

▲ 「성경여지전도(盛京輿地全圖)」의 유조변(柳條邊) 부분[139]

조선이 그린 위화도

　조선 시대 후기에 들어서면서부터 지도 제작이 활발해졌다. 이는 그 이전에 비하여 지리적 인식의 필요성과 중요성이 높아졌기 때문이다. 이 시기에 제작된 지도들에서 위화도를 살펴보면, 위화도는 모두 현재 압록강 하구의 한 가운데인 하중도에 표시하였다. 하지만 그 위치는 모두 제각각이다. 또한, 위화도와 강줄기를 사이에 두고 나란히 있는 검동도의 위치도 제각각이다. 당시 위화도를 표현한 지도는 크게 세 가지로 구분할 수 있다.

　첫째, 위화도만 그린 지도다. 이 지도가 가장 많은데 위화도의 위치나 모양이 모두 다르게 그려져 있다. 또한, 바로 옆에 있어야 할 검동도도 그려져 있지 않다. 이는 무엇을 의미하는 것일까? 지도 제작자가 위화도의 존재 사실은 알지만 그 위치를 정확하게 알지 못하고 그린 것이다. 위화도의 모양은 그렇다 치더라도 위치는 맞아야 하는데, 모든 지도를 비교해 보아도 하나 같이 일치하는 것이 없다. 검동도를 그려 넣지 않은 것은 제작자가 지리지를 살펴보지 않았거나, 위화도처럼 중요하게 거론되지 않은 곳이었기에 지도에 넣지 않았을 수도 있다.

'위화도'만 있는 지도

▲「해동전도」

▲「조선지방지」

▲「해동지도」

▲「좌해여도」

둘째, 위화도와 검동도가 같이 있는 지도들이 있다. 이 지도들은 지리나 실록에 설명된 대로 강물을 사이에 두고 위화도와 검동도를 그렸다. 하지만 이 지도들 역시 위치가 각기 다르다. 더욱 중요한 문제점은 검동도가 적들이 사방으로 통하는 곳이라는 점이다.

압록강 밖의 조몰정(鳥沒亭)·검동도(黔同島)는 비록 옛날부터 농사를 짓던 땅이나, 적로(賊路)가 사방으로 통하여 경작하기가 형세상 어려우며…….[140]

위의 기록을 살펴보면 검동도는 위화도와 강을 사이에 두고 위치하는데, 적로(적로)가 사방으로 통하는 까닭에 농사를 짓기가 쉽지 않은 곳이다. 하지만 위화도는 강으로 둘러져 있어 안전한 곳이다.

위화도와 검동도가 있는 지도

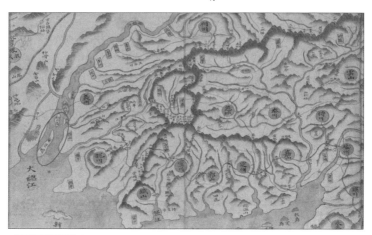

▲「서북피아양계만리일람지도」

▲「동국여지지도」

앞의 지도들에는 위화도와 검동도를 같이 그려 넣었다. 하지만 검동도의 위치는 제각각이다. 위화도의 위쪽에 있거나 아래쪽에 있거나 함께 붙어 있다. 무엇보다 검동도 역시 강 안에 그려져 있다. 적들이 사방에서 올 수 있는 곳이 아니다.

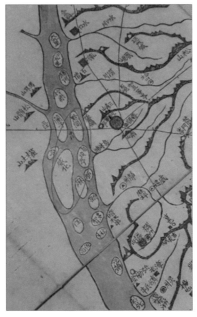

◀「동국여지도」

마지막으로는 위화도와 검동도의 위치가 멀리 떨어져 있는 지도를 볼 수 있다. 이 지도의 제작자 역시 위화도와 검동도의 존재만 듣고 위치나 거리, 검동도의 특징 등을 고려하지 않고 무작정 그려 넣은 것으로 생각된다.

위화도와 검동도가 멀리 떨어져 있는 지도

이처럼 조선 시대 후기에 만들어진 평안도 의주의 위화도 지도를 살펴보면 위화도는 모두 압록강의 하중도로 그려져 있다. 또한, 모든 지도들이 공통적으로 현재의 압록강 안에 표시하였다. 이곳은 강의 하류인 까닭에 연중 수량이 많다. 게다가 바다가 가까워서 밀물 때면 강물의 수위가 더 높아진다. 그러므로 이 지도들은 위화도는 '가물 때면 걸어서 갈 수 있다'거나 '검동도 바로 아래에 위화도가 있다'는 등의 사서 기록을 살펴보지 않고 아무렇게나 그린 것으로밖에는 볼 수 없다.

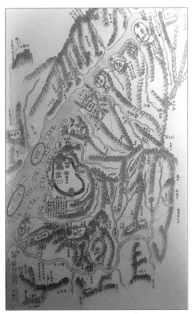

◀「해동전도」

이를 단적으로 알 수 있는 것이 『해동전도(海東全圖)』다. 이 지도는 18세기 중엽, 조선의 330여 개 군현(郡縣)의 지도와 이를 기록한 지지(地誌)이다. 그러므로 조선 시대 후기의 지도를 이해하는 데 있어서 매우 중요한 자료라고 할 수 있다. 이 지도의 '평안도 전도(全圖)'와 '의주부(義州府)' 지도에는 위화도가 각각 표시되어 있다.

▲ 「해동전도」의 평안도(좌) 및 의주부(우) 부분

위의 지도에서 위화도를 살펴보면, 같은 지도책임에도 불구하고 위화도의 위치가 전혀 다르게 표시되어 있는 것을 알 수 있다. '의주부' 지도에서는 위화도가 구련성 아래쪽에 있지만, '평안도 전도'에서의 위화도는 압록강 밖, 즉 바다에 표시되어 있다. 이는 평안도 의주가 압록강 안쪽으로 이동함에 따라 건국의 발상지와도 같은 위화도를 압록강 안으로 옮겨서 그릴 수밖에 없었던 것이다.

8장

가짜 위화도의 성장

일제의 신나는 반도 사관 꿰맞추기

광복인가, 식민인가

가짜의 진짜 행세 110년

일제의 신나는 반도 사관 꿰맞추기

조선은 오랑캐 여진이 세운 청(淸)나라가 백 년이 못 되어 망할 것이라고 믿었다. 하지만 청은 더욱 강성해지고 승승장구(乘勝長驅)하였다. 강희·옹정·건륭 시대 130년은 청의 황금시대였다. 영토는 사방으로 늘어났고 문화는 팔방으로 퍼져 갔다. 청의 선진적인 문화와 기술이 명을 능가하였음에도 조선은 사라진 명의 연호를 사용하고 오랑캐의 문화 수용은 달가워 하지 않았다. 세상은 선진문물과 사상으로 무장하고 급변하는데, 조선은 '우물 안 개구리'인 채 구태(舊態)를 벗어나지 못하였다. 그 결과는 불 보듯 뻔한 것이었다.

청일 전쟁과 러일 전쟁에서 승리한 일본은 조선을 손아귀에 넣었다. 조선을 강점한 후 일제는 우리의 역사를 한반도 안으로 우겨 넣는 반도 사관(半島史觀)을 만들었다. 한국사는 대륙과 해양의 힘의 역학에 따라 타율적으로 변화하였으며, 신라에서 조선에 이르기까지 그 강역도 한반도를 벗어나지 않았다는 것이다.

일제는 이러한 식민 사관을 만들어 내기 위하여 조선의 모든 사서들을 수집하여 분석하고, 우선적으로 지명을 비정하기 위한 역사지리 연구에 몰두하였다. 이때 일제 식민 사학자들의 눈에 띄는 지도들이 대거 등장하였다. 바로 조선 후기에 그려진 위화도 지도들이었다. 든든한 근거를 마련한 식민 사학자들의 반도 사관 구축은 일사천리로 이루어졌다. 그리고 1913년에 『조선역사지리』[141]를 발간하였는데, 이 책에서 위화도의 위치를 다음과 같이 비정하였다.

이상에서 말한 바에 따르면, 고려는 처음부터 보주 지역 즉 압록강 이동(以東)만을 요구하였고, 요나라가 내원성도 고려에 맡기려고 했음에도 불구하고 감히 압록강 상류에 손을 대려고 하지는 않았던 것 같다. 따라서 내원성은 여전히 금나라 영토로서 보유되었던 것이다. 고려의 영토권이 강 가운데 섬까지 미치지 않았다는 것은 『고려사』 김광중 전(傳)에, '인주·정주 2주(州)의 경계에 섬이 있었는데, 2주의 백성이 일찍이 왕래하며 밭을 갈고 고기잡이도 하였다. 금나라의 사람들이 (고려의 관리가) 소홀한 틈을 타 나무하고 목축을 하였던 것 때문에 많이 살게 되자, 김광중이 땅을 되찾아 공을 세우려는 욕심으로 마음대로 군사를 동원하여 공격하여 그들의 움막을 불태우고 방수군(防戍軍)과 둔전(屯田)을 설치하였다. 뒤에 김장(金莊)이 사신으로 금나라에 가자, 금나라의 임금이 꾸짖으며 말하기를, 근래 갑자기 변경에 적이 쳐들어왔다는 기별이 있었는데, 너의 임금이 시킨 것이냐? 만약 변경의 관리가 스스로 한 짓이라면 당연히 그들을 징계해야 할 것이다. 라고 하였다. 김장이 돌아와서 아뢰니, 왕이 명령하여 그 섬을 돌려주고 방수군을 철수시키게 하였다.'는 기록이 있으므로 분명하다. 그리고 이 섬은 지금의 위화도인 것이다.[142]

위화도는『고려사』와『조선왕조실록』에 수없이 거론된다. 하지만 일제 식민 사학자들은 고려사 열전의 한 기록만으로 위화도의 위치를

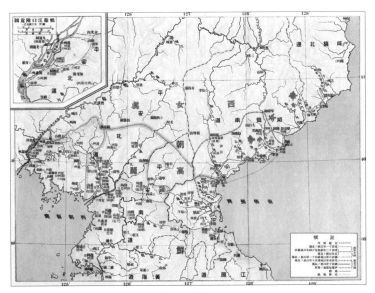

▲ 일제가 제작한 고려 국경선과 압록강 안의 위화도[143]

현재 중국 요녕성 단동시 앞을 흐르는 압록강 가운데의 하중도로 비정하였다. 그리고 그 위치를 알려 주려는 듯 세부 지도까지 만들었다.

이러한 준비 작업을 마친 일제는 본격적인 식민 사관 구축에 착수하였다. 식민 사관의 대의(大意)는 크게 두 가지였다. 조선 민족은 자립능력이 없는 정체된 민족이라는 것이며, 따라서 조선의 역사는 언제나 다른 나라에 지배를 받아 왔다는 타율성을 부각시키는 것이다. 이를 위하여 수많은 사료들을 검토하고 식민 사관 구축에 적합한 사료만을 뽑아내었다. 이렇게 선정된 사료들은 반도 사관의 틀에 맞춰 세밀하게 편집되어 1938년 『조선사』[144]의 편찬으로 대내외에 공포되었다. 이 책의 위화도 내용은 다음과 같이 편집되었다.

7일(경진) 좌우군(左右軍)이 압록강(鴨綠江)을 건너, 위화도(威化島; **평안북도 의주군 강중**)에 주둔하였다(屯).[145]

『조선역사지리』 발간 작업을 총괄한 시라토리 구라키치(白鳥庫吉)는 이 책의 서문격인 책임자의 변에서 다음과 같이 강변하였다.

"국가의 기대에 부응하기 위하여 우리들도 적극적인 협조를 해야 한다."

광복인가, 식민인가

1945년 8월 15일. 우리는 36년간의 대일 항쟁기를 끝내고 광복을 맞이하였다. 잃었던 국권의 회복은 곧 정치, 경제, 사회, 문화 등 모든 분야에서의 광복을 의미하였다. 그중에서도 국민적 열망의 최우선은 일제가 구축한 반도 사관을 타파하는 것이었다. 역사학계도 이에 부응하는 다짐을 하였다.

'한국사의 올바른 이해를 위하여 우리가 힘써야 할 일들이 많이 있지만, 그중에서도 우선적인 과업은 식민주의 사관을 청산하는 일이다. …… 식민주의 사관은 한마디로 말하면 일제의 한국에 대한 식민정책을 정당화하기 위한 왜곡된 한국사관이며 이는 한국 민족의 자주정신·독립정신을 말살하고 한국사의 객관적 진리를 존중하기보다는 현실적인 정치적 목적을 위하여 역사적 진실을 외면한 것이다.'[146]

역사학계의 이러한 다짐과는 다르게 우리 역사는 일제가 구축한 반도 사관을 그대로 베끼는 일에 몰두하였다. 나아가 우리 역사의 모범적인 틀이 되었다. 특히, 영토사와 국경사에 관한 한 절대적인 진리가 되어 그 어떤 의문이나 학설 자체가 용납되지 않는다. 역사의 진리는 오직 하나이며, 그 하나의 진리는 이미 연구가 끝났다는 논리다.

모든 학문은 나름대로 연구 방법론이 있다. 또한 방법론은 시대가 발전함에 따라 다양하게 진행된다. 진리라고 여겼던 논리는 보다 사실적인 자료나 명확한 논리의 등장으로 다시 조정되고 보완되기 마련이다. 인류의 지식 축적과 문명 발전도 이러한 과정의 연속선에서 이루어진 것이며, 이는 앞으로도 변함없는 법칙이다. 그러한데 어째서 역사만은 변하지 않는가. 사실을 올바르게 밝히지 못한 채 그것이 역사적 진리라고 하는 것은 역사 연구 자체를 무시하는 것이다.

특히, 정보화 시대에서의 자료는 어느 한 개인의 전유물이 아니다. 전 세계가 정보의 공유를 통한 더욱 명확한 지식과 사실을 추구하는 시대다. 이러한 시대임에도 불구하고 유독 우리의 강역사(疆域史) 연구는 요지부동이다. 융합 연구가 대세인 시대에도 백여 년 전의 서툰 연구 결과만 고수하고 있다. 실증사학을 주장하지만 정작 실증적인 연구 결과는 '사이비'로 치부하며 무시한다.

역사학계는 일제가 구축한 식민 사관이야말로 '한국 민속의 자주 정신·독립 정신을 말살'하고 일제가 원하는 반도 사관 구축이라는 '현실적인 정치적 목적을 위하여 역사적 진실을 외면한 것'이라고 정의하였다. 그리고 이러한 식민주의 사관의 청산을 부르짖었다. 하지만 오늘날 수많은 역사적 사료와 정보가 공유되고, 융합적 연구 결과가 속속 발표되고 있음에도 우리의 강역사 연구는 한 치의 발걸음도 떼지 않고 있다. 왜 그러한가? 일제의 식민 사관 청산의 기치로 삼았던 정의가 이제는 자신들만의 완고한 카르텔을 지키는 수단으로 전락하였기 때문이다. 그리하여 기존과는 다른 새로운 시각과 내용의 연구는 그 어떤 것도 용납하지 않는, 유아독존식 사고 속에 빠져 있는 것이다.

객관적 진리를 두려워 할 줄을 모르고 정치적 목적을 위하여 봉사하는 또 다른 유형의 왜곡된 한국사관은, 식민주의 사관의 사생아와 같은 것으로서, 한국사학의 정상적인 발전을 위하여 이를 경계해야 마땅한 일이다.[147]

해방 이후, 노도같이 일어났던 '식민 사관 타파'는 공염불이 된 지 오래다. 역사의 첫 단추부터 잘못 채운 치욕도 잊은 채, 누가 진정 식민 사관의 사생아인지도 모른 채, 오늘도 '한국사학의 정상적인 발전을 위하여' 여타 강역사 연구는 학술적인 검토나 반론도 없이 오직 '경계'하고 '사이비'로 치부하며 학계를 활보하고 있다. 그리하여 일제가 구축한 반도 사관은 백 년하고도 십 년이 지난 오늘날까지도 여전히 강고하다.

가짜의 진짜 행세 110년

　　1945년, 우리는 36년간 이어온 일제의 압박에서 해방되었다. 이에 부응하듯 역사학계도 일제가 구축한 식민 사관의 틀에서 벗어나 올바른 우리의 역사를 쓰겠다고 다짐하였다. 그 시작은 이병도였다.

　　돌이켜 생각하면 진단학회(震檀學會)가 태어나기는 지금으로부터 25년 전, 그때는 우리나라 역사를 연구한다는 것조차 죄를 범하는 것 같이 느끼던 때이다. 그런데, 지금 오래 전부터 계획하여 온, 우리의 숙원이던 조국의 역사를 이렇게 써내게 되니, 이 어찌 우리 학회만의 기쁨이라고 할 것인가!**148**

　　이병도는 우리 국사학계의 태두(泰斗)로 칭송받는다. 그는 1925년 8월 이케우치 히로시(池內宏)의 추천으로 조선사편수회 수사관보(修

史官補)로 부임하여『조선사』편찬에 참여하였다. 이병도는 이곳에서 편수회의 각종 자료는 물론 남만주철도주식회사의 연구 결과도 수시로 볼 수 있었다.[149] 이병도는 조선총독부가 3·1 운동 이후 문화 정치를 표방하자 진단학회를 창립하였다.[150] 그리고 자신의 연구 성과를 집대성한『한국사』를 편찬하였다.[151]

그는 서문에서 8·15 해방을 '일제의 질곡에서 벗어나 제 나라의 역사를 올바로 찾을 수 있게 된 때'라고 평가하고 '역사학도로서는 이 시기에 과거를 반성하여 국민의 정기(正氣)를 바로잡고 장래에 대한 민족의 진로를 바로 찾기 위한 노력을 게을리 하여서는 안 된다'고 주장하였다. 아울러, 한국사를 집필하는 이유는 '우리의 역사를 재인식하여야 하는' 시대적 소명이자 자신의 숙원이기 때문이라고 하였다.

이병도의 이러한 다짐은 말치레로 끝났다. 그가 숙원이라고 외치며 쓴 우리의 역사는 대일 항쟁기 일제가 구축한 반도 사관을 그대로 수용하는 것이었다. 그는 대동여지도의 위화도 부분을 지도로 싣고, 그 밑에 이성계가 위화도에서 회군하는 부분을 이렇게 썼다.

이성계는 마침내 압록강 중류 위화도에서 의(意)를 결(決)하여 제장(諸將)에게 '상국(上國)의 경계(境)를 범하는 것이 불가하다'는 것과 '군측(君側; 임금 주변) 악(惡)을 제거하여 생령(生靈; 백성)을 편케 할 것'을 선언하고 회군을 단행하였다.[152]

▲ 대동여지도의 위화도 부분[153]

이병도는 여말 선초의 정치 상황을 설명하면서 몇몇 논문을 참조하였다. 그런데 역사지리와 관련한 부분은 모두 이케우치 히로시(池内宏)와 쓰다소키치(津田左右吉)의 논문을 인용하였다. 두 사람은 일제의 반도 사관 구축에 총력을 기울인 일본 학자들이다. 이병도는 이들의 논리를 그대로 반영한 역사를 서술하고 이를 입증이라도 하듯이 다음과 같은 지도를 첨부하였는데, 일제가 반도 사관을 구축하며 그린 지도와 다를 바가 없었다.

이병도의 반도 사관 수용으로 시작된 우리의 영토사와 국경사는 우리 역사학계의 모범적인 틀로 인식되었다. 그리하여 이후 모든 역사 서술은 이 틀에서 벗어나지 않았다. 아니 해를 거듭할수록 반도 사관에 더욱 매몰되었다. 그리하여 우리 영토사 연구는 반도 사관의 복제로 이어졌다.

▲ 이병도가 설정한 고려 원종대 원과의 국경선 및 공민왕대의 명과의 국경선[154]

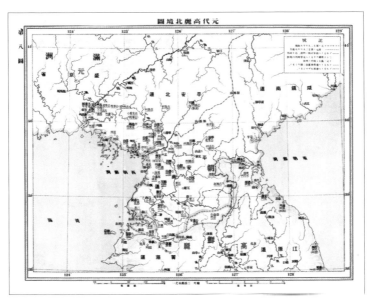

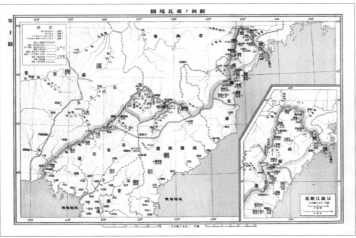

▲ 일제가 그린 고려와 원의 국경선(위)과 조선 초 명과의 국경선(아래)[155]

▲ 한국영토사에서의 고려북경개척도.[156] 일제가 제작한 지도를 축척만 비우고 그대로 사용하였다.(173쪽 참조)

학계의 반도 사관 수용과 계승은 정부 공식기관과 우리 역사 교과서에도 그대로 반영되었고, 이는 전 국민은 물론 전 세계로 퍼져 우리 스스로 우리의 영토와 국경을 축소시키는 결과를 초래하였다.

위화도는 의주의 압록강 하류에 있는 섬이다.[157]

'이성계는 이런 생각을 정리하여 〈4불가론〉을 왕에게 건의했으나, 최영에 의해 묵살되고 출병이 강행된 것이다. 마지못해 출병한 이성계는 압록강 중앙에 있는 위화도(威化島)에서 말머리를 돌려 개경으로 돌아왔다.[158]

새로 건국된 명이 철령 이북의 땅을 요구하자 고려는 요동 정벌을 추진하였다. 요동 정벌을 반대하던 이성계는 압록강 하류의 위화도에서 군대를 돌려 개경으로 돌아와 권력을 장악하였다.[159]

1913년 일제가 만든 가짜 위화도 지도는 이처럼 110년이 지난 오늘까지도 아무런 사료적, 과학적 검증 없이 실증사학이라는 가면을 쓰고 진짜 행세를 하며 남녀노소 전 국민을 속이고 있는 것이다.

▲ 국정 교과서 고교 한국사의 위화도 표시 부분[160]

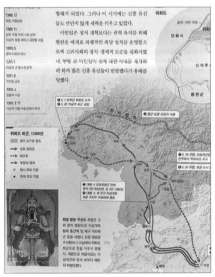

▲ 한국사 교양서에 표시된 위화도[161]

9장

위화도의 눈물

압록강은 의주성 아래로 흐른다

명·청, 일본이 그린 조선의 국경

오늘도 가짜가 판치는 우리 역사

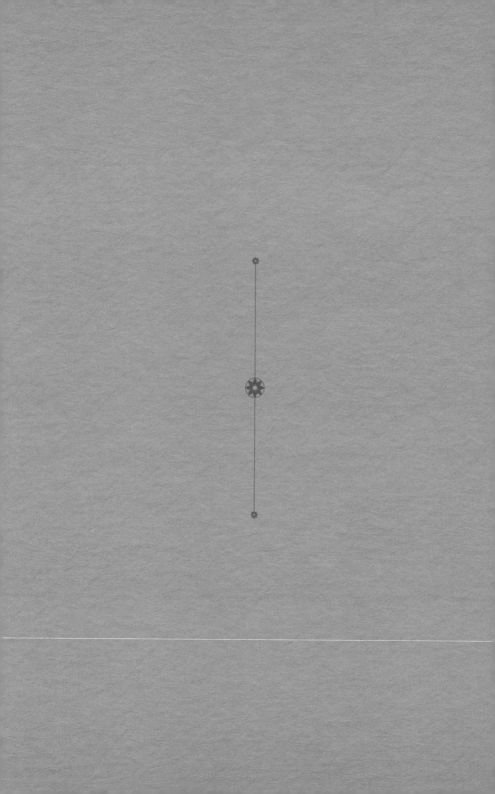

압록강은 의주성 아래로 흐른다

조선은 건국과 동시에 명과의 국경을 연산관으로 정하였다. 연산 관은 현재에도 그 위치가 연산관진(連山關鎭)으로 남아 있다. 중국 요녕 성 본계시(本溪市) 소속으로, 요동 반도의 천산산맥이 지나는 곳이다. 이 후 조선의 국경선은 백 년도 못 되어 봉황성으로 후퇴하며 180리의 영 토를 잃었다. 세종 때 명에게 사신로 변경을 요청하였다가 어처구니없 이 당한 결과였다. 명의 뒤를 이은 청은 봉황성에서 다시 20리를 더 나 아가 유조변(柳條邊)을 설치하고 이곳에 국경 관문을 두었다. 조선의 영 토는 이렇게 200리가 축소된 것이다.

우리 학계는 조선이 건국과 동시에, 연산관에서 현재의 압록강 에 이르는 지역을 주민이 거주하지 않는 변경 지대로 삼았다고 설명하 고 있다. 하지만 변경 지대는 연산관과 변문 사이였고, 청의 봉금 정책

▲ 조선의 영토 축소 현황

이후 조선의 필요에 따라 조정되었을 뿐이다. 이제까지 위화도를 살펴보는 과정에서도 현재의 압록강 위쪽이 변경 지대가 아닌 엄연한 조선의 백성들이 거주하는 땅임이 입증되었다. 즉, 현재의 압록강 위쪽인 요녕성 단동시와 본계시 일부는 조선의 평안도 의주 땅이었던 것이다.

압록강의 본류인 혼강(渾江)이 환인시(桓仁市)에서 현재의 압록강으로 들어가기 전에, 한 줄기가 관전현으로 흘러 위화도 지역에 이르고 여러 물줄기가 합쳐져 포석하(蒲石河)가 되어 압록강으로 들어간다. 따라서 위화도가 있는 의주는 현재의 압록강 위쪽에 있었음이 확실한 것이다. 의주의 동쪽이 혼강이 흘러오는 환인시였다면 반대편인 서쪽 경계는 어디였을까? 다음의 사료에서 의주의 서쪽 경계가 현재의 애하였음을 알 수 있다.

① 조선과 봉황성은 변경을 접하고 있는 것이 다만 강 하나를 사이에 두고 있을 뿐이니, 그곳의 토적이 토벌를 당해 아주 긴급하게 되면 혹 도망을 쳐 강을 몰래 건너 밤늦게 변문으로 들어올 수도 있다.[162]

② 초하(草河)와 애하(靉河) 두 물이 합쳐 들어오는 곳은 바로 소방(小邦)의 변계(邊界)인데 소방의 변방 백성들 중에 이따금 완악한 자가 많아 조금만 편리한 기회가 있으면 틈을 타서 문득 다시 간사한 일을 저지르고 있습니다. (중략) 더군다나 중강(中江)의 시장(市場)이 그 옆에 있으니 갖가지의 간교한 폐단이 반드시 없으리라고 보장할 수 없습니다.[163]

현재의 봉성시 앞으로는 초하와 애하가 만나서 애하가 되어 압록강으로 들어간다. 이 애하 강줄기가 조선과 청의 경계였다. 당시에는 적강(狄江)으로 불렸다. 의주는 현재의 압록강 아래에 있었던 것이 아니라, 이처럼 압록강 위쪽에 있었던 것이다. 또한 〈사료 ②〉에서 알 수 있는 것처럼 조선 시대 국경 무역으로 유명한 중강개시가 바로 이곳 애하 변에 있었던 것이다. 중강개시는 여러 병폐가 발생하자 책문후시로 바뀌었는데, 책문후시는 바로 중강에서 가까운 유조변 관문에 세워진 호시(互市)였다.

의주가 압록강 위쪽에 있었음은, 허균이 북경을 떠나 의주로 들어오며 지은 다음의 시에서도 알 수 있다.

의주는 언제나 푸른 산봉 꽂혀 있어	龍灣每睡碧嶙峋
이 산들과 마주 앉아 주객을 짓네.	坐對茲山作主賓
만 리 길 돌아오니 산골짜기 많이 보여	萬里歸來看疊岫
변함없는 고향 사람 만난 듯하네.	依然如值故鄉人

봄길 진흙 밟은 말 달리기 어려워서	春泥半皴馬行艱
오래된 나그네는 고향 가기 바쁘다네.	久客催歸不暫閑
2월인데 이미 꽃이 바빠 활짝 피어	二月已闌花信急
저녁때 앞산으로 비바람이 불어가네.	晚風吹雨過前山

「송골산을 지나며(過松鶻山)」[164]

허균은 북경에서 의주에 이르기까지 순서대로 기행시를 남겼다. 그의 여정 순서를 살펴보면, 연산관→초하구진(애하)→봉황산→송골산→의주→고진강 순으로 이어진다. 그런데 송골산부터는 조선 땅임을 알 수 있다. 이는 위화도의 위치가 평안도의 송골산에서 동북쪽으로 90리에 있다는 실록의 기록과도 통하는 것이다.

명·청, 일본이 그린 조선의 국경

조선의 국경 지대 공한지 정책(空閑地政策)은 청의 유조변장(柳條邊墻) 확대와 봉금 정책(封禁政策), 이와 함께 발생하는 조선인의 월경(越境)과 추쇄(推刷) 등을 방지하기 위한 것이었다. 이로 인한 행정치소의 압록강 안쪽으로의 이동은, 결과적으로 일제 시기 식민 사학자들의 반도 사관 구축에 명분과 빌미가 되었다. 조선은 건국과 함께 고려의 철령 이북 땅을 명에게 내어 주었다. 이후 청이 변문을 국경으로 설치할 때까지 220여 년 동안에 200리의 영토를 잃었다.

조선의 조정은 변방의 영토를 내어 주는 것쯤은 대수롭지 않게 여겼다. 더 나아가 압록강 너머의 얼마 남지 않은 땅마저 포기하려고 하였다. 대신들은 탁상공론만 일삼다가 지키기 어렵다는 이유를 들어 압록강을 경계로 삼기를 원하였다. 흉노의 선우(單于) 묵특은 다른 것은 다 주어도 땅은 한 뼘도 줄 수 없다며 맹공을 펼쳤는데 조선은 정반대였다. 힘없는 조선이었기에 어찌할 수 없었던가. 아니면 개인과 가문의 입신양명(立身揚名)만을 중시한 채 가렴주구(苛斂誅求)만 일삼은 조선의 정치 때문인가.

조선에 대한 청의 야욕은 계속되었다. 자신들의 발상지임을 핑계로 만주 지역을 봉금하기에 이르렀다. 조선의 나약한 위정자들은 평안도와 함경도의 행정 구역을 압록강과 두만강 안쪽으로 이동시켰다. 그리고 이들 행정 구역들을 강변을 따라 일렬로 배치하였다. 이와 같이 행정 구역이 강변에 그려졌는데 한낱 작은 땅덩어리에 불과한 위화도를 그리는 것은 대수롭지 않은 일이었다. 그래서 강 가운데 아무데나 넣다 보니 지도마다 모두 다르게 그려졌다.

청의 봉금 정책에 따라 조선의 행정 구역이 압록강 안쪽으로 이동하였지만, 그렇다고 해서 조선의 영토가 축소된 것은 아니다. 단지 국경 지대를 비워 둔 것이기 때문이다. 하지만 조선은 압록강 이북 영토를 중시하지 않았기에 지도에는 이동한 행정 구역만을 나타내고, 실질적인 조선의 영토에 대하여는 표시하지 않았다.

오히려 명과 청에서 조선의 강역이 어디까지였는가를 알 수 있는 지도를 그렸다. 명과 청은 어째서 조선도 그리지 않은 조선의 강역을 표시한 지도를 그렸을까? 그 이유는 그들이 침탈한 조선의 강역이 어디까지였는가를 알기 위한 것이었다. 우리는 아이러니하게도 명·청이 그린 자국의 경계 지도를 통해서 조선의 강역을 알 수 있는 것이다.

옆의 지도는 1536년(명 가정 15년) 명의 관리이자 학자인 이묵(李黙)이 그린 요동변장의 동쪽 끝부분이다. 이 지도는 명이 조선의 사신로 변경 요청을 빌미로 1460년(조선 세조 6년) 봉황성에 성보를 구축하여 차지한 이후에 제작된 것이다. 이 지도에서 보듯이 16세기 초의 조선과 명의 국경은 현재 압록강 너머의 봉황성에 이르고 있음을 알 수 있다. 조선과 명은 그 후로도 봉황성을 국경으로 삼았다. 이는 백여 년이 지난 1662년(조선 현종 3년)의 실록 기록에서도 확인할 수 있다.

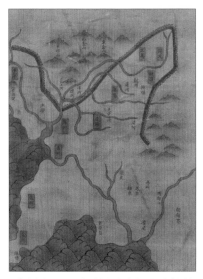

▲ 「대명여도」 요동별도(遼東別圖)의 유동변장 부분

조선 시대 변방의 야인(野人)으로 불리던 여진족이 17세기에 들어서며 강성해지더니 급기야 명(明)을 무너뜨리고 청(淸)을 건국하였다. 청의 강희제는 자신이 통치하는 강역을 알기 위해 1718년에 「황여전람도(皇輿全覽圖)」165를 제작하였다. 이 지도는 청과 국경을 접하고 있는 국가들의 국경을 획정하고 청의 전체 강역을 확인할 필요성에 의해서 만들어졌는데, 이에 따라 동쪽의 경계인 「조선도(朝鮮圖)」도 함께 제작되었다.

▲ 당빌의 「조선왕국전도」(1737)

　　프랑스의 지리학자인 당빌은 『황여전람도』를 바탕으로 1737년
에 「조선왕국전도」를 완성하였다. 이 지도에서도 알 수 있듯이 조선의
평안도와 함경도는 현재의 압록강과 두만강 위쪽에까지 그려져 있다.

이 지도를 통해서도 봉황성 지역이 명대에 이어 청대에도 조선과의 국경이었음을 알 수 있다. 따라서 청은 유조변 동쪽 지대를 봉금 조치한 것과는 별개로 조선의 영토를 정확하게 표시하였던 것이다.

18세기 당빌의 지도에 표시된 조선의 강토는 19세기에도 그대로 지속되었다. 일제는 조선을 차지하기 위하여 19세기 후반부터 조선의 강역을 세밀하게 정탐하고, 실제 강역을 한 장의 지도로 그렸다. 아래 지도는 일본이 1876년에 그린 조선의 실제 강역이다.

▲「측량조선여지전도」의 조선 북방강역도[166]. 일제가 조선의 강역을 측량하여 1876년에 완성한 것으로, 조선의 평안도와 함경도는 당빌 지도와 같이 현재의 압록강과 두만강 위쪽까지 포함되어 있다.

이처럼 일제는 19세기 말의 조선 강역이 현재의 중국 요녕성과 길림성을 포함하고 있었음을 잘 알고 있었다. 그럼에도 불구하고 일제는 조선의 강역을 현재의 한반도 안으로 몰아넣었다. 그것은 식민지인 조선의 역사를 오직 반도 사관으로 만들기 위한 것이었다. 그리하여 그 어떤 역사적, 현실적 사실도 가차 없이 부정하고 왜곡하였던 것이다. 일제의 이러한 반도 사관 구축에 우선적으로 조선이 자신의 강역을 정확하게 표시하지 않고 대충 그린 지도가 좋은 먹잇감이 되었다.[167]

이렇게 일제에 의해 구축된 우리의 강역은 신도 넘볼 수 없는 절대적인 진리가 되어 한 세기가 넘도록 군림하고 있다. 우리가 이토록 오랜 시간을 우리 강역에 대한 고찰과 고민 없이 숙맥처럼 있으니, 반도 사관을 만든 일본인들조차도 우리의 역사관을 비웃으며 이제는 독도를 아주 쉽게 삼키려고 하고 있는 것이다.

오늘도 가짜가 판치는 우리 역사

　　일본은 우리의 영토인 독도를 자국의 것이라고 우기며 수시로 정치외교적 분쟁을 일삼고 있다. 1996년 중·고교 역사 교과서에 독도를 일본의 영토로 편입시킨 이래, 현재까지 20여 년을 줄기차게 주장하고 있다. 2023년에는 독도를 아예 일본의 '고유 영토'라고 주장하기에 이르렀다. 일본의 주장이 날로 심해지고 있음에 비하여 우리 역사학계의 대응은 미온적이다. 일본의 주장이 말도 안 되는 뻔뻔한 것이어서 그러한가.

　　학계와 정부는 독도가 오래 전부터 한국의 영토란 것을 입증하기 위하여 우리 교과서의 사회과 부도에 우리 영토에 독도가 표시된 세계 여러 나라의 고지도를 실었다. 서구에서 제작된 지도로는 당빌의 「조선왕국전도」를 대표적인 사례로 삼아 독도가 한국의 영토임을 확고하게 부각시켰다. 그런데 이에 사용한 당빌의 지도가 괴이하기 짝이 없다.

▲ 검·인정 사회과부도의 당빌 지도 　　　　▲ 당빌의 「조선왕국전도」 중 평안도·함경도 확대 부분

원본 지도에는 없는 굵직굵직한 선들이 덧칠해져 있다. 왜 이렇게 원본과는 다른 지도를 그렸을까? 답은 명확하다.

　　당빌이 그린 원본 지도에는 조선의 평안도와 함경도의 경계선이 지금의 중국 요녕성과 길림성에까지 걸쳐 있기 때문이다. 이를 감추기 위하여 굵은 선을 덧칠하여 마치 산맥인 것처럼 왜곡시켜 조선의 국경을 현재의 압록강과 두만강에 꿰어 맞춘 것이다. 또한, 당빌의 지도에는 조선의 영토에 대마도가 포함되어 있다.

　　18세기 조선의 영토를 알려 주는 지도가 엄연한 사실로 존재함에도 불구하고 우리의 북방 영토는 스스로 축소하여 중국의 동북공정에 동조하고, 우리의 독도를 우습게 알고 덤비는 일본에게는 대마도를 들어 대응하기는커녕 뒷짐 지고 헛기침이나 하고 있으니 우리 강토를 목

숨으로 지킨 선조(先祖)들의 피울음이 정녕 들리지 않는단 말인가.

일제의 식민 사학자들이 구축한 반도 사관은 아직도 이와 같은 뻔뻔함과 얄팍한 왜곡으로 우리 역사를 스스로 옭아매고 있다. 이로 인한 폐해가 이미 고황에까지 이르렀건만 그 옭아맴이 너무도 공고하여 '과이불개(過而不改)'는 고사하고 오늘도 혹세무민(惑世誣民)의 역사를 일삼고 있으니 오호, 통재라, 한국사여!

▲ 일제가 비정한 이후 110년 동안 변함없는 압록강 하구의 가짜 위화도

에필로그

1.

1388년 3월. 명 태조 주원장은 요동에 철령위를 설치하고 고려에게 철령 이남 지역만 관할할 것을 통보하였다. 고려는 박의중을 명에 사신으로 보내 철령 이북 지역도 고려의 땅임을 이해시키며 외교적으로 문제를 해결하려고 노력하였다. 하지만 주원장의 태도는 요지부동이었다. 고려 우왕은 철령 문제가 더 이상 외교적으로 해결할 수 없게 되자, 최영을 팔도도통사(八道都統使)로 삼아 요동 정벌을 추진하기로 결심한다. 우왕은 평양에 군사들을 징집하고 군수물자는 서경으로 이동시키며 명에 대한 무력 시위를 준비하였다.[168] 최영을 필두로 좌군도통사에 조민수, 우군도통사에는 이성계를 임명하였다. 38,830명의 병사와 11,634명의 시중군, 그리고 21,682필의 군마가 요동 정벌을 단행하기 위하여 압록강을 건넜다.[169] 위화도에 주둔한 요동 정벌군은 이성계의 4불가론에 찬성하며 칼끝을 개경으로 돌렸다. 역사는 고려의 요동 정벌군 지휘부 현황을 다음과 같이 전해 주고 있다.

좌군		우군	
좌군도통사	조민수(曹敏修)	우군도통사	이성계(李成桂)
서경도원수	심덕부(沈德符)	안주도원수	정지(鄭地)
부원수	이무(李茂)	상원수	지용기(池湧奇)
양광도도원수	왕안덕(王安德)	부원수	황보림(皇甫琳)
부원수	이승원(李承源)	동북면부원수	이빈(李彬)
경상도상원수	박위(朴葳)	강원도부원수	구성로(具成老)
전라도부원수	최운해(崔雲海)	조전원수(助戰元帥)	윤호(尹虎) 배극렴(裵克廉)·박영충(朴永忠)·이화(李和), 이두란(李豆蘭)·김상(金賞)·윤사덕(尹師德), 경보(慶補)
계림원수	경의(慶儀)	팔도도통사·조전원수	이원계(李元桂) 이을진(李乙珍)·김천장(金天莊)
안동원수	최단(崔鄲)		
조전원수	최공철(崔公哲)		
팔도도통사·조전원수	조희고(趙希古) 안경(安慶)· 왕빈(王賓)		

▲ 고려의 요동 정벌군 지휘부 현황

2.

위화도 회군으로 권력을 장악한 이성계는 공양왕으로부터 왕위를 물려받아 고려의 마지막 왕이 되었다. 이어 1393년 2월 15일, 명에서 정해 준 '조선'을 국호로 정하여 새롭게 건국하였다. 태조가 된 이성계는 조선 개국에 공이 있는 신하들을 추려 공신으로 포상하였다. 공신은 크게 세 가지로 나누었는데, 회군 공신(回軍功臣), 개국 공신(開國功臣), 원종 공신(原從功臣)이었다. 회군 공신과 개국 공신은 다시 3등급으로 나누었다.

회군 공신은 1등 공신 16명, 2등 공신 24명, 3등 공신 16명 등 총 56명이었고, 개국 공신은 1등 공신 17명, 2등 공신 12명, 3등 공신 16명, 기타 135명 등 총 180명이었으며, 원종 공신에는 730명이 선정되었다.[170] 고려의 요동 정벌군 지휘부에서 회군 공신이 된 자들을 살펴보면 다음과 같다.

등급	직위 및 이름
1등 (6명)	청성백(靑城伯) 심덕부(沈德符), 의안백(義安伯) 이화(李和), 참찬문하부사(參贊門下府事) 이지란(李之蘭), 고(故) 시중(侍中) 조민수(曹敏修)와 배극렴(裵克廉), 고(故) 판삼사사(判三司事) 윤호(尹虎)
2등 (9명)	전 판자혜부사(判慈惠府事) 경보(慶補), 참찬문하부사(參贊門下府事) 경의(慶儀), 삼사우복야(三司右僕射) 윤사덕(尹思德), 동지중추원사(同知中樞院事) 박영충(朴永忠), 고(故) 판삼사사(判三司事) 왕안덕(王安德)·지용기(池湧奇), 고(故) 완산군(完山君) 이원계(李元桂), 고(故) 문하평리(門下評理) 정지(鄭地)와 충주절제사(忠州節制使) 최공철(崔公哲)
3등 (5명)	전 판자혜부사(判慈惠府事) 최단(崔鄲), 전 게림부윤(鷄林府尹) 왕빈(王賓), 진밀직부사(密直副使) 김천장(金天莊), 고(故) 판자혜부사(判慈惠府事) 안경(安慶), 고(故) 진주목사(晉州牧使) 김상(金賞)

▲ 고려 요동 정벌군 중 회군 공신 명단

회군 공신 중 배극렴, 이지란, 윤호는 개국 1등 공신에도 이름을 올렸다. 개국 공신에 대하여는 아래와 같이 별도의 칭호와 포상이 주어졌다.[171]

등급	칭호	포상
1등	좌명개국 (佐命開國)	• 전각(殿閣)을 세워 형상을, 그리고 비(碑)를 세워 공을 기록 • 작위(爵位)와 토지 하사 • 부모·처는 3등급을 올려 봉작(封爵)을 증직(贈職), 직계 아들은 3등급을 올려 음직(蔭職)을 주고, 직계 아들이 없는 자는 생질(甥姪)과 사위를 2등급 올려 음직을 줌 • 전지(田地)와 노비 차등 지급, 구사(丘史) 7명, 진배파령(眞拜把領) 10명을 줌 적장자(嫡長子)는 대대로 승계 받으며 자손은 정안(政案)에 개국 일등 공신 아무개의 자손이라고 기록, 범죄가 있더라도 세대(世代)에 걸쳐 사면(赦免)
2등	협찬개국 (協贊開國)	• 전각을 세워 형상을, 그리고 비를 세워 공을 기록 • 부모·처는 2등급을 올려 봉작을 증직, 직계 아들은 2등급을 올려 음직을 주고, 직계 아들이 없는 자는 생질과 사위를 1등급 올려 음직을 줌 • 전지 1백 결, 노비 10구, 구사 5명, 진배파령 8명을 줌 • 적장자는 대대로 승계 받으며 자손은 정안에 개국 이등 공신 아무개의 자손이라고 기록, 범죄가 있더라도 세대에 걸쳐 사면
3등	익대개국 (翊戴開國)	• 전각을 세워 형상을, 그리고 비를 세워 공을 기록 • 부모·처는 1등급을 올려 봉작을 증직, 직계 아들은 1등급을 올려 음직을 주고, 직계 아들이 없는 자는 생질과 사위를 등용함 • 전지 70결, 노비 7구, 구사 3명, 진배파령 6명을 줌 • 적장자는 대대로 승계 받으며 자손은 정안에 개국 삼등 공신 아무개의 자손이라고 기록, 범죄가 있더라도 세대에 걸쳐 사면

▲ 개국 공신 등급별 칭호와 포상

3.

조선 후기인 1885년경에 만들어진 필사본 시조집 『화원악보(花源樂譜)』에는 651수의 시조가 곡조별로 수록되어 있다. 이중에는 개국 공신이자 회군 공신으로 이름을 날린 이지란이 지은 시조가 한 수 전해진다.

초산(楚山)에 우는 범(虎)과 퍼택(沛澤)에 잠긴 용(龍)이
토운생풍(吐雲生風)하여 기세(氣勢)도 장(壯)할시고
진(秦)나라 외로운 사슴은 갈 곳 몰라 하노라

▲ 『화원악보』 표지(출처: 한국학중앙연구원)

이 시조는 초패왕 항우와 한고조 유방이 진(秦)의 환관 조고와 호해를 몰아내고 승리하는 역사적 사실을 들어 고려의 멸망과 조선의 건국은 필연적인 것임을 비유하고 있다. 그야말로 개국파의 승리를 찬양하는 노래가 아닐 수 없다.

심덕부도 이지란과 같이 개국 공신과 회군 공신 1등 반열에 올랐다. 2015년이 끝나가는 12월, 언론은 비단에 그려진 채색그림 한 점을 보도하였다.[172] 그림의 제목은 '장수군도(將帥軍圖)'. 이 그림은

이성계가 위화도에서 회군하기 직전에 심덕부, 이지란과 의형제의 맹약을 맺고 회군 성공의 결의를 다지며 그린 것이다. 이성계를 중심으로 오른쪽에는 심덕부, 왼쪽에는 이지란이 호위하고 있는데 용과 호랑이를 함께 그려서 용맹스런 장수임을 나타내고 있다. 마치 도원결의로 의형제를 맺은 유비 삼형제의 모습을 연상시킨다. 보도에 의하면 이 그림이 처음 발견된 곳은 평양이었다.

▲ 장수군도(將帥軍圖)(출처: 시사주간)

4.

조선의 4대 임금인 세종은 건국 초기의 불안한 정세가 안정을 되찾자 정인지, 안지 등에게 명하여 조선 건국에 이르기까지의 공적을 기리는 악장(樂章)인 용비어천가(龍飛御天歌)를 짓도록 하였다.[173] 용비어천가는 총 125장으로 구성되었다. 이 악장에 곡을 붙인 '봉래의(鳳來儀)'도 만들었는데 여민락, 치화평, 취풍형으로 이루어졌다. 봉래의에는 위화도 회군과 관련된 노래가 3편 있다. 먼저 '지덕(至德)'편에는 우왕의 요동 정벌을 반대하여 이성계가 대의(大義)로써 군사를 돌린 일을 칭송하였다.

'딱하도다! 고려의 말엽에 임금이 혼암하고 정치가 잔학하여,

국운이 장차 기울어지니 하늘이 혼을 앗았도다.

6월에 군사를 일으켜서 명나라 치기를 감행하니,

아무리 극진히 간하여도 끝끝내 듣지를 아니했네.

부득이 행군을 하면서도 중심엔 틀리는 일인지라.

당시의 인심에 순종하여 정의의 깃발을 돌리셨네.

아름다운 운명이여,

우리의 깃발이 도로 돌아옴은 상제의 명령에 순응함이신져.

정의를 내세움이 그 누구던가. 신령한 결단으로 홀로 실행하셨네.

길에는 환성이 가득하고 삼군(三軍)이 힘차게 행진하매,

두루 경계하고 두루 신칙하니, 누가 추호인들 감히 범할쏜가.

길에서 짐승을 잡으면서 스스로 휴양도 하셨도다.

큰 순리로 바르게 하여서 천명에 순응하여 좇으니

아름다운 정의의 군사가 순종하여 도움이 많았네.

하늘의 명령이 떨쳐 움직이니 남녀의 백성이 기뻐 따르도다.

'어서 오시어 우리를 살피소서.' 음식을 싸 가지고 기다려 맞이했네.

저자와 가게들도 매매를 정지하니

요란하게 떠드는 자 누구라 있었던가.

더러운 묵은 인심 깨끗이 씻사오니,

동해의 바닷물이 영원히 맑으리니,

천명에 순종하고 인심에 호응하여,

우리의 민생이 은혜 받아 살리로다.'[174]

'신계(神啓)' 편에서는 회군 당시에 불리었던 동요(童謠)[175]가 천심(天心)을 반영한 것이라고 노래하였다.

아아, 고려가 혼탁하여 정치가 엉망일세.

난리가 언제 진정될꼬. 불빛과 연기빛이로다.

그 누가 하늘을 받들어서 우리의 창생을 구제할꼬.

아름답도다! 거룩하신 태조(太祖)께서 왕래하심이 힘차시도다.

천진(天眞)한 나 어린 이들이 좋은 말을 퍼뜨리어,

노래하고 읊조리어 천심을 나타내도다.[176]

마지막으로 '현휴(顯休)' 편에서는 장마철에도 물이 불어나지 않다가 회군을 마친 이후에 강물이 불어난 것은 상제께서 태조를 인도하신 것이라고 찬양하였다.

아름답도다. 거룩하신 태조(太祖)께서 큰 덕을 널리 베푸시매,

움직이는 대로 큰 감응이 있으니, 상제께서 인도하심이로다.

위화도(威化島)에 군사를 머무를 때에 물이 불어 넘칠 것을,

하늘의 도움이 아니고야 뉘 능히 막을까마는,

우리 군사가 떠나자마자 온 섬이 곧 잠기었네.

막힘을 통하여 세상을 구제할 때 상제의 명령이 빛나도다.[177]

▲ 전주 경기전에 있는 태조 이성계의 어진

1. 고려의 요동 정벌군은 좌·우군이 합쳐 38,830명, 시중군이 11,634명, 말이 21,682필이었다. (『고려사』「열전」 50, 우왕 14년 4월)

2. 『고려사절요』 33, 우왕 14년 5월.
   '左右軍渡鴨綠江, 屯威化島, 亡卒絡繹於道. 禑命所在斬之, 不能止.'

3. 『고려사절요』 33, 우왕 14년 5월.
   '太祖乃諭諸將曰, 若犯上國之境, 獲罪天子, 宗社生民之禍立至矣. 予以順逆上書, 請還師, 王不省, 瑩又老耄不聽, 盍與卿等見王, 親陳禍福, 除君側之惡以安生靈乎. 諸將皆曰, 吾東方社稷安危在公一身, 敢不唯命.'

4. "예로부터 이와 같은 사람이 있지 않았다. 지금 이후로도 어찌 다시 이런 사람이 있겠는가."

5. 고려 말에 유행한 참요. '목자득국설(木子得國說)' 또는 '십팔자위왕설(十八子 爲王說)'이라고 한다.

6. 『고려사절요』 33, 우왕 14년 6월.
   "우리 현릉(玄陵, 공민왕)께서 지성으로 큰 나라를 섬기셨고, 천자도 일찍이 우리 나라에 군사를 일으킬 뜻을 가지지 않았습니다. 지금 최영(崔瑩)이 총재(冢宰)가 되어 조종(祖宗) 이래로 사대한 뜻을 생각하지 않고 먼저 대군을 일으켜서 장차 상국(上國)을 침범하려고 하였으니, 무더운 여름에 군사를 움직여서 삼한(三韓) 이 농기를 잃었고, 왜노(倭奴)가 틈을 타서 깊이 침입하여 노략질하며 우리 인민 을 죽이고 우리 창고를 불태웠습니다. 이에 더하여 한양(漢陽)으로 천도한다고 하여 안팎이 소란합니다. 지금 최영을 제거하지 않으면 반드시 종사(宗社)를 뒤 집게 될 것입니다."

7. 『고려사』「열전」 50, 우왕 14년 2월.
   '명(明)에서 철령위(鐵嶺衛)를 세우고사 하니, 우왕이 밀직제학(密直提學) 박의 중(朴宜中)을 보내어 표문으로 청하기를, "하늘은 넓고 커서 만물을 덮어 키움에 남김이 없으며, 제왕이 일어남에 영토는 반드시 바로잡아지니, 이에 비루한 간청 을 다하여 위로 성총을 번거롭게 하고자 합니다. 저희 나라는 먼 땅에 궁벽하게 있어서, 땅이 작고 얼굴에 난 사마귀와 같으니, 땅의 척박하기가 돌밭과 무엇이 다르겠습니까? 하물며 동쪽 귀퉁이로부터 북쪽 변방까지 산과 바다를 끼고 있어서 형세가 매우 편벽됩니다. 조종으로부터 전해 내려온 데에 구역이 정해져 있으니, 철령(鐵嶺) 이북을 살펴보면, 역대로 문주(文州)·고주(高州)·화주(和州)·정주(定州)·함주(咸州) 등 여러 주를 거쳐 공험진(公嶮鎭)에 이르니, 원래부터 본국의 땅이었습니다. (중략) 지금 성지를 받들어 보니, '철령 이북·이동·이서는 원에서 개원(開元)에 속하였으나, 관할하는 군민들도 요동(遼東)에 속하게 하라.'라고 하였습니다. 철령의 산은 왕경(王京)으로부터 거리가 겨우 300리이며, 공험진을 변방의 경계로 삼은 것은 1, 2년이 아닙니다. (중략) 엎드려 바라건대, 폐하께서는 넓은 도량으로 포용하시고, 두터운 덕으로 어루만져 주셔서, 몇 개 주의 땅을 하국(下國)의 땅으로 삼아 주십시오. 신은 삼가 더욱 나라를 다시 만들어주신 은혜[再造之恩]에 감읍하며 만수무강을 항상 축원하겠습니다.'라고 하였다.'

8. 『명사』「열전」208, 홍무 20년 12월.

〈홍무(洪武) 20년(1387)〉 12월에 호부(戶部)에 명하여 고려왕에게 자문을 보내, "철령(鐵嶺) 북쪽과 동쪽, 서쪽의 땅은 과거에 개원(開元)에 속했던 것이므로 요동에서 그를 통할해야 합니다. 철령의 남쪽은 과거에 고려에 속했던 곳이므로 고려에서 그를 통할해야 합니다. 각각 강역의 경계를 바르게 하여 침범하지 말아야 합니다."라고 하게 하였다.'

9. 『명사』「열전」208, 홍무 21년 4월.

〈홍무(洪武) 21년(1388) 4월에 우왕(王禑)이 표문을 올려 말하기를, 철령(鐵嶺)의 땅은 실로 그들이 대대로 지켜온 곳이라고 하면서 예전대로 하게 해 줄 것을 청하였다. 황제가 말하기를, "고려는 과거에 압록강을 경계로 삼았는데, 이제 철령이라고 꾸며 말하니 거짓임이 분명하다. 짐의 말로써 그들을 깨우쳐 그들로 하여금 본분을 지키면서 흔단을 일으키지 말라고 하라."라고 하였다.'

10. 『고려사절요』33, 우왕 14년 6월.

'受命出疆, 旣違節制, 稱兵向闕, 又犯綱常, 致此釁端, 良由眇末. 然君臣之大義實古今之通規. 卿好讀書, 豈不知此. 況復疆域受於祖宗, 豈可易以與人. 不如興兵拒之, 謀之於衆, 衆皆曰可, 今, 胡敢違. 雖指崔瑩爲辭, 瑩之捍衛我躬, 卿等所知, 勤勞我家, 亦卿等所知也. 敎書到日, 毋執迷, 毋吝改, 共保富貴, 以圖終始, 予實望之, 不審卿等以爲何如.'

11. 『고려사절요』33, 우왕 14년 6월.

'太祖謂瑩曰, 若此事變非吾本心. 然國家未寧, 人民勞困, 冤怨至天, 故不得已焉, 好去好去.'

12. 『고려사절요』33, 우왕 14년 6월.

'遂流瑩于高峯縣.' 고봉현은 현재의 경기도 고양(高陽)이다.

13. 『고려사』「열전」26, 최영.

'初瑩欲囚赴征諸將妻子, 事迫竟不行. 贊成事宋光美·密直副使趙珪·安沼·鄭承可等 逃匿, 沼·承可被執囚巡軍. 諸將會議, 移配瑩合浦,' 합포는 현재의 경남 마산이다.

14. 『고려사』「열전」50, 우왕 14년 6월.

'이때 명(明)에서 우왕이 거병하였다는 소식을 듣고 정벌하려고 하여, 황제가 직접 종묘(宗廟)에서 점을 치고자 재계(齋戒)하고 있었는데,〈고려군이〉군사를 되돌렸다는 소식을 듣고서 재계를 파하였다.'

15. 『고려사절요』33, 우왕 14년 6월.

'西京城外火色, 安州城外煙光. 往來其間李元帥, 願言救濟黔蒼.'

16. 『고려사』「열전」50, 창왕 즉위년 7월.

'문하찬성사(門下贊成事) 우인렬(禹仁烈)과 정당문학(政堂文學) 설장수(偰長壽)가 경사(京師)에 가서 우왕이 왕위를 양보하였음을 고하고 창왕을 이어 책봉해 줄 것을 청하였으며, 겸하여 최영이 군대를 일으켜 요동을 공격하려 한 죄를 아뢰었다.'

『명사』권 320 열전 208 홍무 21년 10월.

〈홍무(洪武) 21년(1388)〉10월에 우왕(王禑)이 그의 아들 창왕(昌王)에게 왕위를 넘겨줄 것을 청하였다. 황제가 말하기를, "전에 그 왕이 구속되었다고 들었는데 이는 분명 이성계의 음모일 것이니 일단 그를 기다리게 하고 변란을 살펴보도록 하라."라고 하였다.

17. 『고려사』「열전」26, 최영.

'崔瑩以開國功臣之後, 遇知玄陵, 奮其忠義. 歲癸卯, 德興將以孼代宗, 瑩出萬死, 以正國統. 至上王朝, 海寇猝犯畿甸, 瑩督諸軍, 力戰却之, 以安社稷. 林堅昧等濁亂朝政, 斲喪王室, 天怒於上, 民怨於下. 瑩奮忠義而廓淸之, 誠社稷之臣也. 然不學無術, 加以老耄, 昧於事大之禮, 勸上西幸, 立威脅衆, 獨斷自用. 遂發攻遼之師,得罪天子, 流毒生民, 幾覆社稷, 前功盡弃. 以瑩之功, 不幸有此叛逆之罪, 誠一國所不忍, 然在天下之議, 所謂人得而誅之者也. 願殿下, 斷以大義, 亟命決罪, 以謝天子.'

18. 『고려사』「열전」 26, 최영.
'최영은 처형할 때에도 말과 얼굴빛이 변하지 않았다. 죽는 날에 개경 사람들이 저자를 파하였으며 먼 곳이든 가까운 곳이든 사람들이 이를 듣고 길거리의 아이들과 시골의 여인네들까지 모두 눈물을 흘렸다. 시체가 길가에 버려지자 길 가는 사람들이 말에서 내렸고 도당(都堂)에서는 쌀·콩·베·종이를 부의(賻儀)하였다.'
이성계는 조선 건국 6년에 최영에게 무민(武愍)이라는 시호를 내려 조선은 '문신 지상주의'임을 천명하였다.

19. 『고려사』「열전」 50, 창왕 즉위년 9월.
'우왕을 강화(江華)에서 여홍군(驪興郡)으로 옮기고 그 군(郡)의 병사로 숙위(宿衛)하게 하고 세금을 걷어 이바지하게 하였다. 삼사좌사(三司左使) 조인벽(趙仁璧), 찬성사(贊成事) 지용기(池湧奇), 동지밀직(同知密直) 우홍수(禹洪壽), 밀직부사(密直副使) 유준(柳濬) 등이 통진(通津)에서 우왕을 접대하였다.' 여흥은 현재의 경기도 여주이다.

20. 『고려사』「열전」 50, 창왕 원년 11월.
'전 대호군(大護軍) 김저(金佇), 전 부령(副令) 정득후(鄭得厚)가 몰래 황려(黃驪)에 가서 우왕을 알현하였다. 김저는 최영(崔瑩)의 조카여서 최영을 따라다닌 지가 오래되었고, 자못 권세를 부렸으며, 정득후도 최영의 족당(族黨)이었다. 우왕이 울면서 말하기를, "우울함을 감당하지 못하고 있으니 여기 있으면서 속수무책으로 죽어야 하겠는가? 한 명의 역사(力士)만 얻어 이〈성계〉 시중(侍中)을 해치기만 한다면, 내 뜻이 이루어질 만할 것이다. 내가 본디 예의판서(禮儀判書) 곽충보(郭忠輔)와 잘 지냈으니, 너희들은 가서 그와 도모하라."고 하며 곽충보에게 검한 자루를 남기며 이르기를, "이번 팔관회 날이 거사할 만하다. 일이 성사되면 왕비의 동생을 처로 줄 것이니 부귀를 함께 하도록 하자."라고 하였다. 김저가 와서 곽충보에게 고하니, 곽충보가 겉으로는 승낙하는 듯 하고서는 태조(太祖)에게 급히 고하였다.'

『고려사』「열전」 50, 창왕 원년 11월.
'김저(金佇)와 정득후(鄭得厚)가 밤에 태조(太祖)의 사저에 갔다가 문객에게 붙

잡히니 정득후는 목을 찔러 죽었다. 김저를 순군옥(巡軍獄)에 가두고서 대간(臺諫)과 함께 심문하니, 말이 전 판서(判書) 조방흥(趙方興)에 연좌되어 아울러 하옥하였다. 김저가 말하기를, "변안렬(邊安烈)·이림(李琳)·우현보(禹玄寶)·우인렬(禹仁烈)·왕안덕(王安德)·우홍수(禹洪壽)도 함께 여흥왕(驪興王, 우왕)을 맞이하기로 도모하여 내응하기로 하였습니다."라고 하였다. 이에 우왕을 강릉으로 옮기고 창왕을 강화로 내쫓았으며 폐하여 서인으로 삼았다.'

21. 『고려사』「세가」45, 공양왕 원년 11월.
'우왕과 창왕을 서인(庶人)으로 강등시켰고, 이림(李琳)과 그 아들 이귀생(李貴生)을 유배보냈으며, 사위인 유염(柳琰), 최렴(崔濂), 외손녀 사위인 노귀산(盧龜山), 조카인 이근(李懃)을 먼 곳으로 유배 보냈다.'

『고려사』「세가」45, 공양왕 원년 1월.

'공양왕이 정당문학(政堂文學) 서균형(徐鈞衡)을 보내어 우왕을 죽이고, 예문관대제학(藝文館大提學) 유구(柳珣)를 보내어 창왕을 죽였다.'

22. 『고려사』「세가」45, 공양왕 원년 11월.
'왕이 우리 태조(李成桂) 및 심덕부(沈德符)에게 일러 말하기를, "내가 원래 덕이 없어 여러 번 사양했는데도 허락을 얻지 못하여 왕위에 오르게 되었으니, 경들이 잘 도모해주시오."라며, 줄줄 눈물만 흘렸다.'

23. 『태조실록』1, 태조 1년 7월 17일.
'태조가 수창궁에서 왕위에 올랐다.'

『명사』「열전」208, 홍무 24년 12월.

'〈홍무(洪武) 24년(1391)〉 12월에 왕요(王瑤, 공양왕)가 그의 아들 왕석(王奭)을 파견하여 이듬해의 정단(正旦)을 축하하였다. 왕석이 아직 돌아가지 않았는데 이성계가 스스로 왕위에 올라 결국 그 나라를 차지하였고, 왕요는 원주(原州)로 나가 살게 되었다. 왕씨가 오대(五代)부터 나라를 전해온 것이 수백 년이었는데 이에 이르러 끊어졌다.'

24. 『고려사』「세가」46, 공양왕 4년 7월.
'"지금 왕이 혼매하여 군도(君道)를 이미 잃었고, 인심이 이미 떠나 사직과 생령의 주인이 될 수가 없으니, 청컨대 〈왕을〉 폐하십시오."라고 하고는 드디어 대비의 교서를 받들어, 왕을 폐하는 일이 이미 정해졌다.'

25. 이홍식, 『한국사대사전』상, '위화도(威化島)', 1996, 교육출판공사.

26. 두산동아 백과사전연구소, 『두산세계대백과사전』제20권, '위화도(威化島)', 2002, 두산동아.

27. 사서의 괄호는 위화도 관련 기록수이며, 소계의 괄호는 내용의 중복을 나타낸 수치이다.

28. 『승정원일기』영조 2년 10월 4일(임술).
   '本州, 有威化島, 我太祖大王征遼時駐軍處也. 有翊原堂, 我宣祖大王去邠時駐蹕所也. 今去太祖住軍之年, 三百有餘歲, 而誓衆壇遺址, 完然尙在, 日若太祖峯犒軍川, 名焉在玆, 依然在玆, 赫赫若前日事.'

29. 여의도는 대표적인 하중도이다.

30. 후한 시대의 허신(許愼)이 편찬한 자전으로, 진한(秦漢) 이래 당시까지 통용된 약 1만자의 연혁을 밝혀 놓았다. 총 15편이다.

31. 『籌海圖編』(1562년)은 명의 지리학자인 정약증(鄭若曾)이 펴낸 지도로, 왜구(倭寇) 방비책 마련을 위하여 중국 해안 지역의 방어 상황을 나타낸 것이다.

32. 『설문해자』「山部」'島'
   《書·禹貢》島夷卉服. 孔傳, 海曲謂之島.'

33. 우리나라를 '한반도(韓半島)'라고 부르는 것도 넓은 의미에서는 섬이 되기 때문이다.

34. 『신증동국여지승람』53「의주목」'검동도', '위화도'
   '○黔同島 在州西十五里周十五里. 鴨綠江到此分三派, 兩島在二洲間有三氏梁. 凡渡江者 必由島北, 越京使臣入朝之路. ○威化島 在黔同島之下周四十里. 兩島之間有鴨江支流, 隔焉稱爲掘浦, 距州城二十五里.'

35. 『조선왕조실록』「연산군일기」40, 연산 7년 5월 6일.
   '(李)克均又啓, 平安道鴨綠江西流至義州 灠洞前而分流, 一派則直走狄江, 一派則傍義州城底而西. 以此 灘子 於赤 威化 黔同等島, 隔在兩江之間. 若防塞西流一派, 竝走狄江, 則四島皆爲我有, 而且獲耕食之利, 請令觀察使及義州牧使, 審便否以啓. 傳日, 可.'

36. 적강(狄江)의 현재 명칭은 애하(愛河)이며, 봉황성 앞에서 초하(草河)와 만나

동남쪽으로 흘러 압록강과 합쳐진다.

37. 『淸史稿』「地理2」55, '奉天省 鳳凰直隸廳 寬甸'
'寬甸, 東南盤道嶺, 望寶山. 東北掛牌嶺. 鴨綠江南自輯安渾江口流入, 西南入安東. 右受小蒲石, 永甸 長甸 大蒲石 安平諸河. 東渾江 右受小雅, 北鼓, 南鼓諸河. 靉河導源西北牛毛嶺, 西南入廳境.'

38. 『고려사』와 『고려사절요』는 조선 초기 문신인 김종서, 정인지 등이 왕명을 받아 간행하였다. 『고려사』는 문종 원년(1451)에 완성되었으며, 『고려사절요』는 그 이듬해에 편찬되었다. 전자는 기전체로, 후자는 편년체로 집필되었다. 일반적으로 '절요'는 축약을 의미하지만, 『고려사절요』는 『고려사』뿐 아니라 여러 사서를 참고하여 편찬하였기 때문에, 내용면에서 『고려사』에 없는 내용을 보완해 주는 중요한 사서이다.

39. 『고려사』「열전」50, 우왕 14년 5월.; 『고려사절요』33, 우왕 14년 5월.

40. 『태조실록』1, 총서 84.
'左右軍都統使上言: "臣等乘桴過鴨江, 前有大川, 因雨水漲, 第一灘漂溺者數百, 第二灘盆深, 留屯洲中, 徒費糧餉."'

41. 여울은 강이나 바다에서 바닥이 얕거나 폭이 좁아 물살이 빠른 곳을 말한다.

42. 『고려사절요』33, 우왕 14년 5월.
'於是, 回軍渡鴨綠江. 太祖乘白馬, 御彤弓白羽箭, 立於岸, 遲軍畢渡. (中略) 時, 霖潦數日, 水不漲, 師旣渡, 大水驟至, 全島墊溺, 人皆神之.'

43. 『조선왕조실록』「세조실록」34, 세조 10년(1464년) 8월 4일.
'然鳥沒亭, 黔同島則守護爲難, 威化島則鴨綠江岐流回抱, 水深難涉, 但旱則可徒涉處, 僅七八十步.'

44. 『조선왕조실록』「세조실록」34, 세조 10년 11월 17일.
'平安道都巡察使韓繼美據義州牧使呈啓, 鴨綠江外鳥沒亭, 黔同島雖自來農作之地. 賊路四通, 耕治勢難, 威化島則與黔同島爲界, 鴨綠江流至兩島之間, 分二道而流, 抱威化島入狄江. 其分流上頭, 地高水淺, 可通人馬, 鑿之使江流深廣, 則農人恃以耕種. 請於明年春抄旁近諸邑軍人二千名開鑿. 從之.'

45. 『고려사절요』33, 우왕 14년 5월.
'於是, 回軍渡鴨綠江. 太祖乘白馬, 御彤弓白羽箭, 立於岸, 遲軍畢渡. 軍中望見,

相謂曰, "自古以來, 未有如此人. 自今以後, 豈復有如此人." 時, 霖潦數日, 水不漲,
師旣渡, 大水驟至, 全島墊溺, 人皆神之. 時, 童謠有木子得國之語, 軍民無老小皆
歌之.'

46. 『조선왕조실록』「숙종실록」45, 숙종 33년(1707년) 1월 25일.
禮曹判書(徐文裕), 以昨年義州儒生疏事, 稟旨, 上曰, "威化島旣非立碑之所. 太祖
峰, 回軍川, 俱難立碑, 翊原堂, 其處不能的知, 使本道監司, 更審以報."

47. 『조선왕조실록』「영조실록」123, 영조 50년(1774년) 8월 26일.
'義州儒生金夏璉等上疏, 請太祖大王戊辰五月回軍時留陣所及宣祖大王壬辰駐蹕
處, 立石以紀之, 上召見賜批.'

48. 『승정원일기』 영조 2년(1726년) 10월 4일(임술).
'本州, 有威化島, 我太祖大王征遼時駐軍處也. 有翊原堂, 我宣祖大王去邪時駐蹕
所也. 今去太祖住軍之年, 三百有餘歲, 而誓衆壇遺址, 完然尙在, 日若太祖峯犒軍
川, 名焉在玆, 依然在玆, 赫赫若前日事.'

49. 『조선왕조실록』「세종실록」107, 세종 27년(1445년) 3월 13일.
'平安道都觀察使趙克寬啓, "義州可耕之地本少, 民皆耕威化, 今音同及於赤島之田
以生. 自禁耕三島以來, 民生艱苦, 請依舊耕作." 下政府議之.'

50. 『조선왕조실록』「중종실록」73, 중종 27년(1532년) 12월 9일.
'議政府, 禮曹同議啓, "刷出唐人等, 威化島越境村聚, 曾已依接, 而唯貪沃壤, 謀還
舊島, 抵死來投. 若緩其禁, 則盡復故居, 根著漸固, 勢終難禁, 門庭受害, 永世無
窮. 須其結幕, 隨卽撤去. 今雖刷出, 開春之後, 勢必來耕. 令義州牧使, 判官, 更送
往審, 不得起墾. 雖或耕種, 縱士馬踏損, 以示斷不容接之意."'

51. 『조선왕조실록』「정조실록」12, 정조 5년(1781년) 12월 17일.
'然鴨江纏到灣城, 而分爲三江, 中有一島, 名曰威化. 土沃而周可七八十里, 島之
外, 又有二江, 則旣非彼我地交通之路, 而廢不居者, 屢百餘年. 如令無土之民, 從
願耕墾, 則田可爲三百餘日耕. 使作屯田, 收稅以納, 穀可爲數萬餘斛, 前所陳鎭供
軍食者, 用此贍足也.'

52. 『조선왕조실록』「순조실록」14, 순조 11년(1811년) 2월 15일.
'義州府尹趙興鎭疏, 略曰, 威化一島, 在於六島之下流, 三江之內界, 徒然爲一望蘆
葦之墟, 半日射獵之場. 臣就審其形便, 相度其土宜, 則長爲十九里, 廣爲八, 九里,

土性腴沃, 形止平衍, 又無沿江諸坰築堰之費, 而只畫區域, 便可耕作, 年久廢陳, 生穀必倍. 今若關此等棄之土, 使將散之民, 趁今許墾, 則屢千島民之失業者, 皆將有土而安堵矣. 蓋此島許關之論, 其來久矣.'

53. 『조선왕조실록』「세종실록」97, 세종 24년(1442년) 9월 5일.
'平安道都節制使啓, "義州 威化島, 圓直島, 水淸島等處, 本州越耕者或有之. 遼東人常來往松站等處, 因此交通, 投彼可慮. 請遣朝官審檢, 以杜亂漸." 從之.'

54. 『조선왕조실록』「세조실록」35권, 세조 11년(1465년) 2월 15일.
'蘭子, 黔同, 招募三島, 則義州牧使, 威化島則麟山節制使, 申胡水則方山萬戶守護.'

55. 『조선왕조실록』「연산군일기」18, 연산 2년(1496년) 10월 24일.
'中國設鎭, 自遼東至鳳凰城, 凡五鎭也, 而又定基湯站, 距義州不過五十里矣. 旣設湯站, 又設婆娑堡, 而幷據黔同, 威化島, 烏沒坪良田, 則雖欲禁之, 其可得乎? 此非國之利也. 且觀義州之城, 狹隘低卑, 疊以雜石, 其於捍衛, 有所不固, 於中國人瞻視, 亦埋沒.'

56. 조선과 명의 국경이 연산관으로 정해진 것은, 명 태조 주원장의 일방적인 조치를 이성계가 받아들였기 때문이다.

57. 『조선왕조실록』「세종실록」75, 세종 18년(1436년) 12월 8일.;「세종실록」79, 세종 19년 12월 25일.;「세종실록」80, 세종 20년 1월 21일.;「세종실록」81, 세종 20년 5월 13일.

58. 『조선왕조실록』「성종실록」134, 성종 12년(1481년) 10월 20일.
'朝鮮國王爲謝恩事. 成化十七年十月初十日, 陪臣洪貴達, 回自京師, 準兵部咨節該: "朝鮮國王, 奏要於東八站迤南, 開通新路往來, 本部已經奏行遼東守臣勘議去後, 鎭守遼東太監韋朗題: '鳳凰山西北約一十五里許, 築立一堡, 名爲鳳凰城, 屯駐馬步官軍一千員名, 鳳凰城迤西相去約有六十里, 地名斜烈站, 築立一堡, 名爲鎭寧堡, 斜烈站西北相去約有六十里, 地名新通遠堡之南, 築立一堡, 名爲寧夷堡, 各屯駐馬步官軍五百員名, 以爲鳳凰城之應援如此, 則朝鮮使臣往回, 皆有止宿之處, 而無被刼之患.' 本部官欽奉聖旨, 該部看了來說欽此, 斟酌所奏, 將鎭寧堡改名鎭東, 寧夷堡改名鎭夷, 餘如定擬, 成化十七年六月二十九日, 兵部尙書陳等具題, 次日奉聖旨是欽此, 欽遵擬合通行, 除外合咨前去欽遵, 知會施行準此, 除欽遵外."

當職一國臣民, 不勝感激.'

59. 『조선왕조실록』「연산군일기」 36, 연산 6년(1500년) 2월 12일.;「연산군일기」
    37, 연산 6년 4월 14일.;「연산군일기」 43, 연산 8년 4월 30일.

60. 『조선왕조실록』「중종실록」 99, 중종 37년(1542년) 10월 17일.
    '靉陽堡, 鳳凰城, 甚近於我境, 防備之策, 不可不固矣. 㺚子無有卒然犯我邊鄙者,
    以其東八站擄去甚易, 不必置易而爲難也. 然邊事不可以此而忽之, 今焉預先措
    備, 上敎至當.'

61. 『신증동국여지승람』「의주목」에 보면, 위화도와 강줄기를 사이에 두고 있는 검
    동도가 의주성 서쪽 15리에 있다고 하였다.

62. 『조선왕조실록』「정조실록」 48, 정조 22년 1월 15일.
    '備堂鄭民始啓言, 義州府人多地狹, 而威化島土膏沃久棄. 民願許耕, 而議者難之
    日, 聖祖駐軍之地也, 日沿邊之地也, 日久棄之地也, 此有不然者.'

63. 『조선왕조실록』「세종실록」 116, 세종 29년 6월 4일.
    '太祖駐帥威化島, 霖潦數日水不張, 及旋師登岸, 水卽大至, 全島塾沒.'

64. 『조선왕조실록』「세조실록」 34, 세조 10년 8월 4일.
    '威化島則鴨綠江岐流回抱, 水深難涉, 但旱則可徒涉處, 僅七八十步.'

65. 『조선왕조실록』「숙종실록」 45, 숙종 33년 1월 25일.
    '上曰, "威化島旣非立碑之所. 太祖峰, 回軍川, 俱難立碑. 翊原堂, 其處不能之知,
    使本道監司, 更審以報."'

66. 『조선왕조실록』「영조실록」 123, 영조 50년 8월 26일.
    '請太祖大王戊辰五月回軍時留陣所 及宣祖大王壬辰駐驆處, 立石以紀之, 上召見
    賜批.'

67. 『조선왕조실록』「순조실록」 14, 순조 11년 2월 15일.
    '義州府尹趙興鎭疏, 略曰, 威化一島, 在於六島之下流, 三江之內界, 徒然爲一望蘆
    葦之墟, 半日射獵之場.'

68. 『조선왕조실록』「선조실록」 28, 선조 25년 7월 3일.
    '不可於小小衙門爲之. 若不幸入來, 則官屬及不得已從之者外, 扈衛軍士亦簡略率
    來.'

69. 『조선왕조실록』「선조실록」28, 선조 25년 7월 3일.

　"小臣之意, 急迫則內附似無防遮. 而遼左一隅, 人烟絶少, 道路亦險, 常時下人之往來, 亦以爲難於久住也." (中略) 上曰, "大槪入遼之計如何." 德馨曰, "我國無一邑然後可去. 若有一邑則不可去矣. 大槪供億何衙門爲之乎? 必不得已而兵鋒逼迫然後可去. 不然則似不可去也.'"

70. 『조선왕조실록』「선조실록」28, 선조 25년 7월 3일.

　'上曰, "自此入遼東, 有水乎." 德馨曰, "有八渡河, 又有山水峻急, 阻水則不易於渡, 靑石等嶺, 山路斷險. 遼東極邊之地, 人家亦甚罕, 而陋惡不可止宿. 遼陽則城子地勢卑湫, 而水土且惡矣." 上曰, "水土惡云者, 何謂也." 德馨曰, "水乃泥水而無淸水, 雖有幷不好也." 尹承勳曰, "宗社大計, 如小臣者, 固不可容喙, 過江之後, 則二百年宗社, 將置於何所? 懇請天兵, 而我國亦召募軍民, 則亦豈無可爲之事乎?'"

71. 『조선왕조실록』「영조실록」29, 영조 7년 6월 29일.

　'蓋此草, 纛兩河滙入之地, 卽係小邦邊界, 而小邦邊氓, 間多頑黠, 稍得乘便, 輒復生奸.'

72. 이연희, 『地圖學; 主題圖 제작의 原理와 技法』, 법문사, 2007, 137-139쪽.

73. 이연희, 위의 책, 140쪽.

74. 이연희, 위의 책, 138쪽.

75. 염기연방(染崎延房), 조선국세견전도, 1873, 영남대박물관 소장. (출처: 독도본부)

76. 일본 흑룡회, 만한신도, 1904.

77. 『조선왕조실록』「성종실록」217, 성종 19년 6월 13일.

　'至如黔同島距城三十餘里, 威化則又加半焉, 皆在蘭子, 鴨綠兩江之外, 乃是六七十里之程, 往來尙費一日之暮, 又奚望於耕耘耶?'

78. 『신증동국여지승람』53「의주목」'검동도'

　'黔同島在州西十五里周十五里. 鴨綠江到此分三派, 兩島在二洲間有三氏梁, 凡渡江者必由島北, 越京使臣入朝之路.'

79. 『신증동국여지승람』53「의주목」'위화도'

　'威化島在黔同島之下周四十里.'

80. 『조선왕조실록』「성종실록」223, 성종 19년 12월 29일.
  '本國與上國以鴨綠江爲界限, 狄江則乃八渡河之下流, 本不關於界限. 三島在兩江
  之間, 祖宗朝國家昇平, 邊民自相來往, 耕穡頗獲饒利. …(중략)… 若狄江則自八渡
  河流入鴨綠, 是別流也, 太祖高皇帝詩曰, 鴨綠江淸界古封 是也. 其間三島, 特片
  片之地, 中原何以來爭乎.'

81. 『조선왕조실록』「세종실록」113, 세종 28년 8월 13일.
  '議政府據兵曹呈啓, "松骨山東北隅大昌山 西洞距義州 威化, 今音同兩島三息餘
  程, 途道平易, 乃要衝之地.'

82. 『조선왕조실록』「연산군일기」50, 연산 9년 8월 16일.
  '威化島雖云可墾, 然在大江之外, 往來耕稼, 人甚病焉. 但大川, 水口兩洞及松山,
  大門, 麟山, 海口, 皆義州境內, 有沃饒水川之利, 無賊變渡江之憂, 可作水田, 以收
  無窮之利, 請先起耕試驗.'

83. 『조선왕조실록』「선조수정실록」21, 선조 20년 1월 1일.
  '義州江甸威化島, 有漢人自馬耳山移住開種, 差譯官, 辨爭於遼鎭巡按使, 出禁牌,
  驅逐如令.'

84. 1식(息)은 30리(里)이므로 총 90리이다. 당시 10리는 5.6㎞ 정도였으니 대략
  50여 ㎞의 거리를 의미한다.

85. 『조선왕조실록』「정조실록」12, 정조 5년(1781년) 12월 17일.
  '鴨江纔到灣城, 而分爲三江, 中有一島, 名曰威化. 土沃而周可七八十里, 島之外,
  又有二江, 則旣非彼我地交通之路, 而廢不居者, 屢百餘年. 如令無土之民, 從願耕
  墾, 則田可爲三百餘日耕.'

86. 의주의 별칭은 용만(龍彎)이다. 이에 의주부를 만부(灣府)라고도 부르고, 의주
  성을 만성(灣城)이라고도 부른다.

87. 『조선왕조실록』「영조실록」29, 영조 7년 6월 20일.
  '自順治時, 棄柵門外百餘里地, 不使彼此相接者, 其意深遠. 且我國邊民, 近甚奸
  惡, 移居犯越, 終必有得罪大國之慮. 以此意移咨防塞可也.'

88. 이에 대한 자세한 과정은 7장에서 살펴본다.

89. 고산자(孤山子)는 『대동지지』에서 평안도의 서북 경계 지역에 대해서는 다른
  행정 지역과는 별도로 특별히 위도와 경도를 표시하였다. 이 위도와 경도를 검

증해 보면, 현재의 중국 요녕성 지역이 포함됨을 알 수 있다. 고산자는 조선의 영토인 평안도 지역을 당시 지도와 상관없이 실록의 기록대로 정확하게 표시하였던 것이다.

90. 『조선왕조실록』「현종실록」5, 현종 3년(1662년) 5월 17일.
   '上引見大臣, 備局諸臣于熙政堂. (中略) 上又曰, "此後把守事, 何以議定." 太和曰, "當以鴨綠爲限. 然亦必議於彼國, 而定之宜當." 上曰, "以江爲限, 則我地歸彼, 寧不可惜耳."

91. 『조선왕조실록』「세종실록」113, 세종 28년 8월 13일.
   '議政府據兵曹呈啓, "松骨山東北隅大昌山 西洞距義州 威化, 今音同兩島三息餘程, 途道平易, 乃要衝之地. 請置體探人, 以備不虞." 從之.'

92. 王俊, '五龙山从古至今有很多名字', 「丹東新聞」, 2016-07-26.

93. 오룡산의 위치는 중국 요녕성 단동시 진안구(振安区) 오룡배진(五龍背鎭) 노고구촌(老古沟村)이다.

94. 우리가 사용하는 지도에서의 북쪽은 항상 위쪽이다. 지도가 일반화되기 이전 시대의 북쪽은 북극성(北極星)을 좌표로 하였다. 지도에서의 북쪽은 도북(圖北)이라 하고, 북극성으로 보는 북쪽은 진북(眞北)이라고 하는데, 지도가 일반화되기 이전까지의 모든 방위는 진북으로 보아야만 기록과 맞는다. 도북에서 사방을 나타내는 방위는 '十' 형태이지만, 진북에서의 방위는 'X' 형태이다.

95. 『梅窓先生朝天錄』9, '路程記'

96. 『北京錄』, 1826년 11월 23일. 이 책은 1826년에 동지사행(冬至使行)으로 북경을 다녀온 무관 신태희(申泰熙)가 지은 것이다.

97. 『조선왕조실록』「연산군일기」40, 연산 7년 5월 6일.
   '李克均又啓, "平安道 鴨綠江西流至義州 瀾洞前而分流, 一派則直走狄江, 一派則傍義州城底而西. 以此, 灘子, 於赤, 威化, 黔同等島, 隔在兩江之間."

98. 『조선왕조실록』「중종실록」9, 중종 4년 9월 29일.
   '臣前任義州牧使時, 李克均亦欲塞鴨綠岐流處, 導注于狄江, 使黔同島連陸, 以便耕作啓, 令臣與觀察使, 同審便否以啓. 臣其時審其便否, 鴨綠與狄江, 不相接, 地勢亦高, 不可導注合流, 若西江則可以 導注矣.'

99. 『조선왕조실록』「정조실록」12, 정조 5년 12월 17일.

'鴨江纔到灣城, 而分爲三江, 中有一島, 名曰威化.'

100. 여기서의 압록강은 본류를 말하는 것으로 현재의 압록강에 해당한다.

101. 『조선왕조실록』「세조실록」34, 세조 10년 11월 17일.
'鴨綠江外鳥沒亭, 黔同島雖自來農作之地, 賊路四通, 耕治勢難, 威化島則與黔同
島爲界, 鴨綠江流至兩島之間, 分二道而流, 抱威化島入狄江.'
『조선왕조실록』「세조실록」34, 세조 10년 8월 4일.
'威化島則鴨綠江岐流回抱, 水深難涉, 但旱則可徒涉處, 僅七八十步.'

102. 『신증동국여지승람』53「의주목」'위화도'
'威化島在黔同島之下周四十里, 兩島之間有鴨江支流, 隔焉稱爲掘浦, 距州城
二十五里.'

103. 『조선왕조실록』「태조실록」1, 신우 14년 5월.
'左右軍都統使上言, "臣等乘桴過鴨江, 前有大川, 因雨水漲, 第一灘漂溺者數百,
第二灘益深, 留屯洲中, 徒費糧餉."'

104. 『元史』「시리乙」59, '遼陽等處行中書省 東寧路'
'(至元)八年 改西京爲東寧府, 十三年 升東寧路總管府, 設錄事司, 割靜州 義州 麟
州 威遠鎮 隸婆娑府.'

105. 『조선왕조실록』「성종실록」216, 성종 19년 5월 27일.
'是以去年城開州, 將城湯站. 開州距義州百有餘里, 湯站六七十餘里. 城湯站, 則
又必城婆娑府, 距義州僅三十餘里. 城婆娑府, 則必耕鴨綠 三島之田, 此吾今日之
可憂, 而不可留爲後日之憂者也.'

106. 『조선왕조실록』「중종실록」7, 중종 3년 10월 17일.
'臣聞中國, 欲置婆娑府. 府與義州 黔同島相近. 土地沃饒, 嚮者州民耕食, 後爲野
人所掠, 遂禁其耕.'

107. 『신증동국여지승람』53, 「의주목」'검동도'
'黔同島在州西十五里周十五里.'

108. 『조선왕조실록』「성종실록」217, 성종 19년 6월 13일.
'至如黔同島 距城三十餘里.'

109. 『遼東志』1, 「地理」'婆娑府'
'在遼陽城東四百七十里.'

110. 『全遼志』1, 「沿革·山川」'鴨綠江'

'城東五百三十里.'

111. 『조선왕조실록』「선조수정실록」17, 선조 16년 4월 1일.

'遼東軍民劉尙德等, 復來造山坪耕墾, 移咨遼東都司, 申明禁治, 立碑於馬耳山下
第一通溝.'

112. 『조선왕조실록』「선조수정실록」21, 선조 20년 1월 1일.

'義州江匈威化島, 有漢人自馬耳山移住開種, 差譯官, 辨爭於遼鎭巡按使, 出禁牌,
驅逐如令.'

113. 현재 이곳의 강 이름은 '루방하(樓房河)'인데, 실록에 난자강(蘭子江)으로 기
록된 강으로 여겨진다.

114. 『조선왕조실록』「순조실록」14, 순조 11년 2월 15일.

'威化一島, 在於六島之下流, 三江之內界, 徒然爲一望蘆葦之墟, 半日射獵之場.'

115. 『조선왕조실록』「성종실록」134, 성종 12년 10월 17일.

'夫開州距義州, 不過百餘里, 平安道受弊, 非他道之比, 而彼之蠲賦役以招撫者, 亦
無所不至, 民之避勞就安, 乃常情也. 鴨綠氷合之時, 則民之流移, 將何以禁. 此國
家不可不先爲之計也.'

116. 『조선왕조실록』「성종실록」217, 성종 19년 6월 4일.

'今天下富盛, 盡天下之地而有之. 自遼陽築長墻, 旣設靉陽堡, 又城開州, 漸次城湯
站, 城婆娑堡, 不待智者而後可知.'

117. 『조선왕조실록』「연산군일기」43, 연산 8년 4월 30일.

'中國初置靉陽堡, 次置鳳凰城, 今又置湯站, 距義州纔半日程. 中國雖揚言爲朝鮮
朝貢之路, 實則欲以八站爲內地, 爲關土之計也.'

118. 『조선왕조실록』「세종실록」116, 세종 29년 6월 4일.

'太祖駐師威化島, 霖潦數日水不張, 及旋師登岸, 水卽大至, 全島墊沒.'

119. 『조선왕조실록』「세조실록」34, 세조 10년 8월 4일.

'(威化島)但旱則可徒涉處, 僅七八十步.'

120. 『조선왕조실록』「숙종실록」45, 숙종 33년 1월 25일.

'上曰, "威化島旣非立碑之所. 太祖峰, 回軍川, 俱難立碑, 翊原堂, 其處不能的知,
使本道監司, 更審以報."'

121. 1보(步)는 성인의 좌우 걸음걸이 1회를 말하는데, 이는 대략 1.5m이다.

122. 『조선왕조실록』「태조실록」2, 태조 1년 10월 25일.;「태조실록」2, 태조 1년 12
    월 17일.

123. 『명사』열전 208, 洪武 20年 12月.
    〈洪武二十年〉十二月, 命戶部咨高麗王, "鐵嶺北東西之地, 舊屬開元者, 遼東統
    之. 鐵嶺之南, 舊屬高麗者, 本國統之. 各正疆境, 毋侵越.'"
    『太祖高皇帝實錄』187, 洪武 20年 12月 26日.
    '命戶部, 咨高麗王, 以鐵嶺北東西之地, 舊屬開元, 其土著軍民女直·韃靼·高麗人
    等, 遼東統之, 鐵嶺之南, 舊屬高麗, 人民悉聽本國管屬, 疆境既正, 各安其守, 不得
    復有所侵越.'

124. 『조선왕조실록』「예종실록」6, 예종 1년 6월 29일.
    '以遼東之東百八十里, 連山爲界, 以爲把截, 以聖人明見萬里之量, 豈不知土地沃
    饒, 便於畜獵, 而捐數百里之地, 以空其處者? 誠以東郊之地, 三韓世守, 兩國疆域,
    不可相混, 若或相混, 則易以生釁故也. (中略) 連山把截, 高皇所定, 兩國封疆, 不
    可相紊.'

125. 『고려사』「열전」49, 우왕(禑王) 13년 5월.
    '大抵我的話緊則要他至誠. 那里豈無賢人君子? 必知這意也. (中略) 我若征你, 不
    胡亂去, 一程程築起城子來, 慢慢的做也.'

126. 『조선왕조실록』「세종실록」75, 세종 18년 12월 8일.
    '在先本國使臣, 來往東八站一路, 自來山高水險, 一水彎曲, 凡八九渡, 夏潦泛漲,
    本無舟楫; 冬月氷滑雪深, 人馬多有倒損. 又有開州·龍鳳等站, 絶無人烟, 草樹茂
    密, 近年以來, 猛虎頻出作惡, 往來人馬, 實爲艱苦. 遼東所管連山把截南有一路,
    經由剌楡寨把截至都司, 人民散住, 又無山水之險. 冀蒙轉達, 許令剌楡寨一路往
    還相應.'

127. 동팔참은 의주에서 요양에 이르는 역참로를 말하는데, 진강성-탕참-책문-봉
    황성-진동보(송참·설리참)-진이보(통원보)-연산관-첨수참을 이른다.

128. 규장각 한국학연구원, 「輿地圖」古4709-78 중 의주북경사행로

129. 『조선왕조실록』「세조실록」21, 세조 6년 8월 26일.
    '因特下遼東鎭守總兵等官, 勘議可否, 玆得回奏剌楡寨地方山險樹密, 居民稀少,

不堪往來. 其東八站地方路坦行熟, 兼與毛憐衛等處隔遠, 往來無礙, 但看得連山
關外來鳳分中去處, 宜築城堡一座, 差發軍官守把, 防送往來使臣. 已令遼東都司,
相度築立, 王之使臣往來, 有人防護, 可無患矣. 況阿比車蓋因復讎未遂, 故發爲是
言, 以搖撼之, 然未必能遠離巢穴, 久候於此. 若輒信其言, 改易道路, 則是自示怯
弱, 寧不爲彼類之所輕哉? 王其仍遵舊規, 毋或過爲疑慮, 致乖事體, 欽哉!'

130.『조선왕조실록』「세조실록」21, 세조 6년 9월 16일.
   '인수부 윤(仁壽府尹) 김길통(金吉通)과 행 상호군(行上護軍) 이흥덕(李興德)에
   게 표문(表文)을 받들고 명(明)나라에 가서 연산관(連山關) 밖에 내봉보(來鳳堡)
   를 쌓고 군사를 보내어 지키고 파수(把守)하게 한 일을 사례(謝禮)하게 하였다.'

131.『조선왕조실록』「연산군일기」43, 연산 8년 4월 30일.
   '但遼東等地, 本是高句麗之地, 故自鴨綠江至遼河所居之人, 皆我國之民. 高皇帝
   初定天下, 以鴨綠爲界, 慮兩國人民互相往來, 設處東寧衛, 以處元居民, 使地界截
   然限隔. 其後遼陽人戶漸盛, 於東八岾, 散處耕食, 以此屢被野人侵掠. 中國初置靉
   陽堡, 次置鳳凰城, 今又置湯站, 距義州纔半日程. 中國雖揚言爲朝鮮朝貢之路, 實
   則欲以八岾爲內地, 爲關土之計也.'

132.『조선왕조실록』「현종실록」5, 현종 3년 5월 17일.
   '상이 또 이르기를, "이 뒤로 파수(把守)하는 일은 어떻게 의논해 정해야 하겠는
   가?" 하니, 태화가 아뢰기를, "압록강을 한계로 해야 마땅하겠습니다. 그러나 그
   것도 반드시 저 나라와 의논을 해서 정하는 것이 온당하겠습니다." 하자, 상이 이
   르기를, "강을 한계로 삼을 경우 우리 땅이 저네들에게 들어가니 어찌 아깝지 않
   겠는가."'

133.『조선왕조실록』「태조실록」1, 총서.
   '太祖曰, "今者出師, 有四不可. 以小逆大, 一不可. 夏月發兵, 二不可. 擧國遠征,
   倭乘其虛, 三不可. 時方暑雨, 弓弩膠解, 大軍疾疫, 四不可," 禑頗然之.'

134. 18세기 조선의 대외 정세 인식을 대변하는 것으로 '영고탑회귀설'이라고 한다.

135.『조선왕조실록』「숙종실록」51, 숙종 38년 2월 27일.
   "말에 이르기를, '오랑캐는 백 년의 운수가 없다.'고 하였으니, 저들이 수십 년 내
   로 우리를 대우함이 지나치게 두터워서 공물(貢物)을 경감(輕減)한 데에 이른 것
   은 반드시 그 까닭이 있습니다. 대개 백 년 동안 중토(中土)에 거처하면서 금수

(錦繡)와 양육(粱肉)에 젖었으니, 하루아침에 막북(漠北)으로 돌아간다면 형세가 반드시 견디기 어렵습니다. 조만간 패하여 돌아갈 텐데, 시간이 여유 있으면 어염(魚鹽) 등 물산(物産)에서부터 토지·민인(民人)에 이르기까지 우리에게서 취하지 않음이 없을 것이고, 급하면 우리의 서북변에서 길을 취하고자 하기 때문에, 이번 길은 장차 산천의 애색(隘塞)과 도리(道里)의 원근(遠近)을 미리 살피려는 것입니다. 내지(內地)의 설한령(薛罕嶺)의 길은 결코 허락하여서는 안 됩니다. 이제 만약 이자(移咨)하여 도리의 통하기 어려움을 가지고 말한다면, 이른바 그 방도(方道)로써 속일 수 있을 것이니, 저쪽에서 혹시 곧장 설한령의 길을 묻는다 하더라도 우리가 만약 본디 없는 것으로써 대답한다면, 어찌 능히 그 반드시 있음을 멀리서 헤아려서 책(責)함을 가져온단 말입니까?'"

136. 『조선왕조실록』「숙종실록」21, 숙종 15년 8월 8일.

'時淸人, 退樹鳳凰城柵門于二十餘里之外, 蓋爲其地膏沃可耕也. 遠接使柳命天, 因通官聞之, 馳狀以聞.'

137. 『열하일기』 도강록(渡江錄).

'아아! 후세의 선비들이 이러한 경계를 밝히지 않고 함부로 한사군을 보누 압녹강 안쪽으로 몰아넣고 억지로 역사적 사실로 만들려다 보니, 패수를 그 속에서 찾으려 하되 혹은 압록강을 패수라 하고 혹은 청천강을 패수라 하며 혹은 대동강을 패수라 한다. 이리하여 조선의 강토는 싸우지도 않고 저절로 줄었도다.'

138. 『조선왕조실록』「숙종실록」51, 숙종 38년 5월 23일.

'접반사(接伴使) 박권(朴權)이 치계하기를, "총관(摠管)이 백산(白山) 산마루에 올라 살펴보았더니, 압록강의 근원이 과연 산 중턱의 남쪽 변에서 나오기 때문에 이미 경계로 삼았으며, 토문강(土門江)의 근원은 백두산 동쪽 변의 가장 낮은 곳에 한 갈래 물줄기가 동쪽으로 흘렀습니다. 총관이 이것을 가리켜 두만강의 근원이라 하고 말하기를, '이 물이 하나는 동쪽으로 하나는 서쪽으로 흘러서 나뉘어 두 강이 되었으니 분수령으로 일컫는 것이 좋겠다.' 하고, 고개 위에 비를 세우고자 하며 말하기를, '경계를 정하고 비석을 세움이 황상(皇上)의 뜻이다. 도신(道臣)과 빈신(儐臣)도 또한 마땅히 비석 끝에다 이름을 새겨야 한다.'고 하기에, 신등은 이미 함께 가서 잘 살피지 못하고 비석 끝에다 이름을 새김은 일이 성실하지 못하다.'는 말로 대답하였습니다." 하였다.'

139. 미국국회도서관, 「성경여지전도」, 1734-1736.

140. 『조선왕조실록』「세조실록」34, 세조 10년(1464년) 11월 17일.
　　'鴨綠江外 烏沒亭 黔同島 雖自來農作之地, 賊路四通, 耕治勢難…….'

141. 일제는 『조선사』를 편찬하기에 앞서 『조선역사지리』를 발간하였다. 이 책에서
　　는 우리 역사에서의 강역과 중요한 지명들에 대하여 위치를 비정하였고, 이를
　　별도의 부도(附圖)로 그려서 표시하였다.

142. 남만주철도주식회사, 『조선역사지리』 제2권, '고려 서북쪽 경계의 개척',
　　76~77쪽, 1913.
　　'以上述べし所によれば高麗は初より保州の地, 卽ち鴨江以東のみを要求し遼が
　　來遠城をも之に交附せんとしたるに關せず敢て江上に一指を染めんとら企てざ
　　りしに似たり. されば來遠城は依然金の領土として保有せられしらり. 高麗の
　　領土權が江中の島嶼に及ばざりしは高麗史金光中傳に '有島, 在麟靜二州之境,
　　二州民嘗往來耕漁, 金人乘間樵牧, 因多居焉, 光中欲復地邀功, 禠發兵 之,火其盧
　　舍, 仍置防戌. 屯田, 後金莊牽使如金, 金主讓之曰, 近梢有邊警, 爾主使然耶, 若邊
　　吏自爲則固宣懲之, 莊還奏, 王命歸其島撤防戌'とあるにて明なり. 此の島は今の
　　威化島にや.'

143. 남만주철도주식회사, 『조선역사지리』 「부도(附圖)」 2권, '7번째 지도'

144. 『조선사』는 총 37권으로 구성되었다. 일본 학자들은 이 책을 발간할 때 기본적
　　인 사서는 물론 개인 문집까지도 샅샅이 검토하여 필요한 내용에 대하여는 세
　　세하게 주석을 달았다. 위화도는 기본적인 사서에서도 160여회가 나온다. 하
　　지만 일본 학자들은 위화도에 관한 한 관련 주석을 하나도 달지 않았다.

145. 조선사편수회, 『조선사』 제3편 제7권, '좌우군이 위화도에 가다', 283쪽, 1938.
　　'七日(庚辰), 左右軍鴨綠江ヲ渡リ, 威化島(平安北道義州郡江中)ニ屯ス.'

146. 이기백, 『한국사신론』 일조각, 1999, 3쪽.

147. 이기백, 위의 책, 4~5쪽.

148. 이병도, 『한국사』 고대편, '序', 을유문화사, 1959.

149. 남만주철도주식회사는 만주에서의 철도 부설과 이를 통한 광업과 제조업 등
　　의 사업을 진행하였지만, 이는 단지 대외적으로 보여 주기 위한 것이었다. 만
　　철의 본질적인 사업은 일제의 만주 침략과 식민지 경영에 필요한 자료 조사
　　및 이의 합리화였다. 이를 위하여 많은 학자들이 참여하였는데 시라토리 구라

키치(白鳥庫吉), 이케우치 히로시(池内宏) 및 쓰다 소키치(津田左右吉)가 대표적인 일본 학자들이다. 이들이 주축이 되어 반도 사관의 근간인 『조선역사지리』와 『만주역사지리』(1913)가 완성되었다.

150. 진단학회는 1934년 5월 7일 창립되었으며, 학회의 목적은 '조선 및 인근 문화의 연구'였다. 편집위원은 총 6명으로 이병도가 대표였고 金台俊, 李允宰, 李熙昇, 孫晋泰, 趙潤濟가 참여하였다. (上山 由里香, 「이병도의 한국사 연구와 교육」 제3장, 성균관대 박사학위논문, 2016.)

151. 진단학회가 발간한 『韓國史』(1959)는 총 5권이다. 이병도는 1, 2권에 해당되는 '고대편'과 고려 시대까지를 다룬 '중세편'을 집필하였다.

152. 진단학회편, 한국사 근세전기편, 38쪽.

153. 위와 같음.

154. 진단학회편, 한국사 근세전기편, 30쪽.

155. 남만주철도주식회사, 『조선역사지리』 「부도(附圖)」 2권, '8번째', '10번째' 지도

156. 양태진, 『한국영토사연구』 법경출판사, 1991, 272-273쪽.

157. 한국학중앙연구원, 『한국민족문화대백과사전』 위화도. (https://encykorea.aks.ac.kr/)

158. 한영우, 『다시 찾는 우리 역사』 경세원, 2007, 272-273쪽.

159. 교육부 검인정, 『고교 한국사』 동아출판사, 2020, 50쪽.

160. 위와 같음.

161. 송호정 외, 『아틀라스 한국사』 ㈜사계절출판사, 2022.

162. 『조선왕조실록』 「순조실록」 9, 순조 6년 11월 27일.
'該國與鳳凰城邊界接壤, 僅有一江之隔, 該處土賊被勒緊急, 或逃竄過江, 逸入邊門.'

163. 『조선왕조실록』 「영조실록」 29, 영조 7년 6월 29일.
'蓋此草, 靉兩河滙入之地, 卽係小邦邊界, 而小邦邊氓, 間多頑黠, 稍得乘便, 輒復生奸. (中略) 而況中江市場, 又卽其傍, 則種種奸闌之弊, 難保其必無.'

164. 허균, 『(국역)을병조천록』 국립중앙도서관.

165. 이 지도는 청 강희제가 당시 중국에 들어온 예수회 선교사들의 지도 제작과 관련된 선진 기술을 이용하여 10년간 중국 전역을 실측(實測)하여 만든 것이다.

166. 와세다 대학, 「측량조선여지전도(測量朝鮮輿地全圖)」 1876. (출처: 향고도 블로그)

167. 일제는 반도 사관을 구축하는 과정에서 이에 도움이 되는 조선 시대 사료들을 많이 활용하였는데, 대표적인 것이 정약용이 지은 『아방강역고』이다.

168. 『고려사』 「열전」 50, 우왕 14년 4월.
'禑次平壤, 督徵諸道兵, 作浮橋于鴨綠江, 使大護軍裵矩督之. 船運林·廉等家財于西京, 欲充軍賞. 又發中外僧徒爲兵, 抄京畿兵, 屯東西江, 以備倭.'

169. 『고려사』 「열전」 50, 우왕 14년 4월.
'加崔瑩八道都統使, 以昌城府院君曹敏修爲左軍都統使, 以西京都元帥沈德符, 副元帥李茂, 楊廣道都元帥王安德, 副元帥李承源, 慶尙道上元帥朴葳, 全羅道副元帥崔雲海, 雞林元帥慶儀, 安東元帥崔鄲, 助元帥崔公哲, 八道都統使助元帥趙希古·安慶·王賓, 屬焉. 以我太祖爲右軍都統使, 以安州道都元帥鄭地, 上元帥池湧奇, 副元帥皇甫琳, 東北面副元帥李彬, 江原道副元帥具成老, 助戰元帥尹虎·裵克廉·朴永忠·李和·李豆蘭·金賞·尹師德·慶補, 八道都統使助戰元帥李元桂·李乙珍·金天莊, 屬焉. 左右軍, 共三萬八千八百三十人, 傔一萬一千六百三十四人, 馬二萬一千六百八十二匹.'

170. 『조선왕조실록』 「태조실록」 2, 태조 1년 9월 16일.; 「태조실록」 2, 태조 1년 11월 19일.; 「태조실록」 2, 태조 1년 윤12월 16일.; 「태조실록」 4, 태조 2년 7월 22일.; 「태조실록」 4, 태조 2년 7월 22일.; 「태조실록」 4, 태조 2년 7월 27일.; 「태조실록」 4, 태조 2년 7월 29일.; 「태조실록」 4, 태조 2년 7월 29일.; 「태조실록」 4, 태조 2년 8월 10일.; 「태조실록」 4, 태조 2년 8월 15일.; 「태조실록」 4, 태조 2년 8월 17일 경인.

171. 『조선왕조실록』 「태조실록」 2, 태조 1년 10월 9일.
'개국 공신(開國功臣)의 칭호를 내렸는데, 1등은 '좌명개국(佐命開國)'이라 하고, 2등은 '협찬개국(協贊開國)'이라 하고, 3등은 '익대개국(翊戴開國)'이라 하였다.'

172. 시사주간, 「이성계 '위화도 회군' 결의 현장, 14세기 그림 나왔다.」(2015. 12. 18.)

173. 용비어천가는 이성계의 4대조인 목조·익조·도조·환조와 태조 및 태종의 사적을 중국 고사와 비교하고 그 공덕을 찬양한 노래로, 1445년에 훈민정음으로 쓴 최초의 작품이다.

174. 『조선왕조실록』「세종실록」116, 세종 29년 6월 4일.
'噫彼麗季! 主昏政虐. 大運將傾, 天奪之魄. 六月稱兵, 敢干上國. 旣之極諫, 聽我藐藐. 雖則啓行, 中心是違. 徇我人情, 回我義旆. 休命. 我旆載回, 帝命是順. 誰其倡義? 神斷獨運, 路載懽聲, 三軍陶陶. 旣警旣戒, 孰犯秋毫! 沿途搏獸, 我舒保作. 大順以正, 景命維僕. 順應. 於鑠義師, 順焉多助. 天休震動, 士女悅附. 俟我來蘇, 壺漿以迎. 市肆不易, 孰擾且驚! 滌彼穢德, 東海永淸. 載順載應, 惠我民生.'

175. 『조선왕조실록』「세종실록」116, 세종 29년 6월 4일.
'태조가 군사를 돌려올 때, 동요(童謠)가 있어 이르기를, "서경(西京)의 성 밖은 불빛이요, 안주(安州)의 성 밖은 연기빛이라. 그 사이를 왕래하는 이 원수(李元帥)는 원하건대, 창생들을 구제해 주오." 하더란 일이니,'

176. 『조선왕조실록』「세종실록」116, 세종 29년 6월 4일.
'咨彼麗昏, 其政不穫. 亂曷有定! 烟光火色. 誰其奉天, 救我黔蒼! 嗟嗟聖祖! 往來皇皇. 童騃無思, 以矢德音. 式歌且謠, 昭我天心.'

177. 『조선왕조실록』「세종실록」116, 세종 29년 6월 4일.
'嗟嗟聖祖! 廣運其德. 動乃丕應, 維帝之迪. 駐師威化, 溟漲渺瀰. 匪天之佑, 孰能禦之! 我師旣出, 全島卽沒. 亨屯濟世, 帝命有奕.'

〈참고 문헌〉

사료

『고려사』高麗史

『고려사절요』高麗史節要

『조선왕조실록』朝鮮王朝實錄

『승정원일기』承政院日記

『신증동국여지승람』新增東國輿地勝覽

『대동지지』大東地志

『설문해자』說文解字

『원사』元史

『명사』明史

『태조고황제실록』太祖高皇帝實錄

『요동지』遼東志

『전요지』全遼志

『주해도편』籌海圖編

『청사고』淸史稿

저서 및 논문

교육부 검인정, 『고교 한국사』, 동아출판사, 2020.

남만주철도주식회사, 『만주역사지리』, 1913.

남만주철도주식회사,『조선역사지리』및「부도(附圖)』, 1913.

두산동아 백과사전연구소,『두산세계대백과사전』, 두산동아, 2002.

박지원,『열하일기』 (김혈조역, 돌베개, 2013)

박창희,『역주 용비어천가』, 한국학중앙연구원, 2015.

송호정 외,『아틀라스 한국사』, ㈜사계절출판사, 2022.

신태희, 국역『북경록』, 세종대왕기념사업회, 2018.

양태진,『한국영토사연구』, 법경출판사, 1991.

이기백,『한국사신론』, 일조각, 1999.

이병도,『한국사』, 을유문화사, 1959.

이연희,『地圖學; 主題圖 제작의 原理와 技法』, 법문사, 2007.

이홍식,『한국사대사전』, 교육출판공사, 1996.

정사신,『매창선생조천록』(임기중편, 연행록전집9, 동국대학교 출판부, 2001)

정약용,『아방강역고』 (정해겸역, 현대실학사, 2001)

조선사편수회,『조선사』, 1938.

진단학회편,『한국사』, 진단학회.

한국학중앙연구원,『한국민족문화대백과사전』

한영우,『다시 찾는 우리 역사』, 경세원, 2007.

허균,『(국역)을병조천록』, 국립중앙도서관.

허우범,『여말선초 서북국경과 위화도』, 책문, 2021.

허우범,「위화도의 위치 재고찰」,『인문과학연구』62, 강원대학교, 2019.

지도

영남대박물관,「조선국세견전도」朝鮮國細見全圖, 1873.

일본 흑룡회,「만한신도」滿韓新圖, 1904.

규장각 한국학연구원, 「여지도」興地圖 古4709-78 중 의주북경사행로.

미국국회도서관, 「성경여지전도」, 1734-1736.

미국국회도서관, 『강희황여전람도』「조선도」康熙皇輿全覽圖 朝鮮圖, 1708-1718.

와세다대학, 「측량조선여지전도」測量朝鮮興地全圖, 1876.

기타(홈페이지, 블로그 등)

구글 지도

국사편찬위원회, 한국사데이터베이스

독도본부

시사주간, '이성계 위화도 회군 결의 현장, 14세기 그림 나왔다', 2015.12.18.

王俊, '五龙山从古至今有很多名字', 丹東新聞, 2016.07.26.

한국학중앙연구원

향고도 블로그

판권

Foreign Copyright:
Joonwon Lee   Mobile: 82-10-4624-6629

Address: 3F, 127, Yanghwa-ro, Mapo-gu, Seoul, Republic of Korea
         3rd Floor
Telephone: 82-2-3142-4151
E-mail: jwlee@cyber.co.kr

위화도의 비밀

2024. 2. 15. 초 판 1쇄 인쇄
2024. 2. 28. 초 판 1쇄 발행

지은이 │ 허우범
펴낸이 │ 이종춘
펴낸곳 │ **BM** (주)도서출판 **성안당**
주소 │ 04032 서울시 마포구 양화로 127 첨단빌딩 3층(출판기획 R&D 센터)
     │ 10881 경기도 파주시 문발로 112 파주 출판 문화도시(제작 및 물류)
전화 │ 02) 3142-0036
     │ 031) 950-6300
팩스 │ 031) 955-0510
등록 │ 1973. 2. 1. 제406-2005-000046호
출판사 홈페이지 │ www.cyber.co.kr
ISBN │ 978-89-315-8621-3 (03910)
정가 │ 18,000원

이 책을 만든 사람들
책임 │ 최옥현
진행 │ 오영미
교정 · 교열 │ 이진영
본문 · 표지 디자인 │ 강희연
홍보 │ 김계향, 유미나, 정단비, 김주승
국제부 │ 이선민, 조혜란
마케팅 │ 구본철, 차정욱, 오영일, 나진호, 강호묵
마케팅 지원 │ 장상범
제작 │ 김유석

■ **도서 A/S 안내**

성안당에서 발행하는 모든 도서는 저자와 출판사, 그리고 독자가 함께 만들어 나갑니다.
좋은 책을 펴내기 위해 많은 노력을 기울이고 있습니다. 혹시라도 내용상의 오류나 오탈자 등이
발견되면 **"좋은 책은 나라의 보배"**로서 우리 모두가 함께 만들어 간다는 마음으로 연락주시기
바랍니다. 수정 보완하여 더 나은 책이 되도록 최선을 다하겠습니다.
성안당은 늘 독자 여러분들의 소중한 의견을 기다리고 있습니다. 좋은 의견을 보내주시는 분께는
성안당 쇼핑몰의 포인트(3,000포인트)를 적립해 드립니다.
잘못 만들어진 책이나 부록 등이 파손된 경우에는 교환해 드립니다.